영화, 게임, 문학, 예술로 만나는 수학수업

수학하는 재미

영화, 게임, 문학, 예술로 만나는 수학수업
수학하는 재미

펴 낸 날/ 초판1쇄 2019년 12월 25일
지 은 이/ 이정아

펴 낸 곳/ 도서출판 기역
펴 낸 이/ 이대건
편　　집/ 책마을해리

출판등록/ 2010년 8월 2일(제313-2010-236)
주　　소/ 전북 고창군 해리면 월봉성산길 88 책마을해리
서울시 서대문구 북아현로 16길7 2층
문　　의/ (대표전화)02-3144-8665, (전송)070-4209-1709

ISBN 979-11-85057-80-4 03370

이 도서의 국립중앙도서관 출판예정도서목록(CIP)은 서지정보유통지원시스템 홈페이지(http://seoji.nl.go.kr)와
국가자료종합목록 구축시스템(http://kolis-net.nl.go.kr)에서 이용하실 수 있습니다.
(CIP제어번호 : CIP2019050380)

영화, 게임, 문학, 예술로 **만나는 수학수업**

수학하는 재미

이정아 지음

ㄱ

| 프롤로그 |

2019년 봄. 꿈만 같던 책 출판의 기회가 찾아왔습니다. 주변에 수업, 아이지도, 업무의 달인이 넘쳐나는데, 교실에서 아이들과 웃고 떠들며 신이 나서 깔깔대며 하는 소소한 수학 수업을 이야기하려고 책을 만든다는 것이 과한 욕심인 것 같아 책 출판을 포기할까 고민을 하였습니다.

태어날 때 생겨난 눈 옆의 깊은 흉터로 자신감이 없고 항상 땅을 보고 걷던 말없는 아이가 바로 저였습니다. 초등학교 4학년까지 한글을 거꾸로 읽는 이상한 병에 걸려 책읽기 발표를 가장 무서웠던 아이가 지금은 교실 속에서 아이들 앞에 서 있습니다. 중학교 시절 수학선생님께서 해 주신 작은 칭찬 한 마디에 교사를 꿈꾸게 되었습니다.

2002년 여름 광주 월드컵경기장에서 자원봉사를 하면서 축구와 함께 한 결과 첫 해 임용고사에 낙방하고, 2003년 동네 도서관을 다니면서 '내가 교사가 되려는 이유는?', '나는 어떤 교사가 될 것인가?', '내가 만날 아이들은?' 등등 행복한 상상을 하면서 임용공부를 하였습니다.

2004년도 임용고사에 운 좋게 합격하고 상위권 인문계 고등학교에서 교직을 시작하게 되었습니다. '교사로서 무시당하면 지는 거다', '아이들보다 실력이 월등해야 살아남는다', 선배 교사들의 조언으로 새벽녘까지 인터넷 강의를 들으면서 문제를 풀고 학습지를 만들고 코피까지 흘려가면서 공부하고 수업을 해보았지만 늘 아쉬웠습니다. '뭐가 문제인지, 어떻게 해야 할지' 모르고 문제풀이만 하던 어느 날, 학교에서도 집에서도 자신감 없는 교사, 엄마라는 생각에 깊은 한숨이 흘러나왔습니다.

2012년 전교생 아홉 명인 작은 섬마을 중학교로 근무지를 옮기고 제 삶에 변화가 찾아 왔습니다. 처음에는 '내가 많은 잘못을 해서 이곳으로 유배를 온 것이구나!' 하는 그릇된 생각을 하고 밤마다 육지로 가고픈 생각에 우울해 있었는데, 우연히 학교 도서관에서 책 한권을 읽게 되었습니다.

> '이방인이 낯선 땅에서 무엇을 하고 있는가?'
>
> '자아의 신화를 찾으러 왔습니다. 당신은 절대 이해하지 못할 어떤 것을 찾아서.'
>
> '자아의 신화를 이루어내는 것이야말로 이 세상 모든 사람들에게 부과된 유일한 의무지 자네가 무언가를 간절히 원할 때 온 우주는 자네의 소망이 실현되도록 도와준다네.'
>
> -〈파울로 코엘료의 『연금술사』 책 일부〉

아무도 나에게 뭐라 하지도 않았는데, 얼굴이 빨갛게 되면서 심장이 뛰었습니다. '내가 간절히 원하는 것은……' 우습게도 참교사가 되는 것이었습니다. 수학 점수로 아이들을 서열화 하지 않고, 수행평가로 아이들과 타협하지 않고, 문제풀이가 전부인 수학수업이 아닌 진짜 수학수업을 하고 싶었습니다.

'이론과 현실은 다른 거야'라고 무시했던 먼지 쌓인 수학교육 전공서적을

펼쳐 읽고, 대학원에 진학하여 배움을 쌓고, 전국적으로 유명하다는 선배 교사들의 강연을 찾아 가서 듣고, 교과서 외의 대안교과서와 참고서적들을 읽고 교과연구회 회원들과 나눔을 하면서 내공을 쌓아 갔습니다. 실험적인 수학수업으로 시행착오를 겪으면서 분주했던 수업들이 조금씩 아이들과 교사가 함께 만들어가는 배움과 성장이 있는 수업으로 이어지고 있습니다.

이 책의 1부는 수학수업에서 아이들이 서로 협력하여 미션을 해결해가는 학생중심수업 모형을 소개하고, 2부는 자유학기제 수업에서 아이들의 반응이 좋았던 수학 수업 자료를 활동지와 함께 소개하고, 3부는 슬로리딩을 쉽게 따라할 수 있는 방법과 수업결과물을 제시하였습니다. 책에 소개된 내용들이 누구나 아는 평범한 자료일 수도 있고, 저만의 교육철학으로 시종일관 같은 이야기를 되풀이 하였다할지라도 매일 만나는 교실 속 아이들과 교사 모두가 행복한 수학수업을 기대하면서 이 책을 써내려갔습니다.

요즘 같은 시대에 철밥통이라 하기에는 너무나 고된 교사의 길을 지치지 않고, 하루하루를 아이들과 즐겁게 보내었으면 하는 마음에서 저만의 노하우를 꾹 꾹 눌러 담았습니다.

이 다음 생에 또 태어난다고 해도 저는 교사가 되고 싶습니다. 아이들이 "선생님" 하고 불러만 줘도 미소 짓게 되는 저는 천상 교사인가 봅니다.

교직 인생의 전반전을 지나고 있는 시점에 부족한 저에게 출판 기회를 주신 모든 분들께 감사드립니다. 글을 쓰는 동안 얌전히 있어준 아들 이현이와 딸 이수, 언제나 내 편인 남편과 응원해준 동료 선생님들, 책을 편집해주신 기역출판사, 무엇보다 나를 믿고 따라주었던 제자들에게 감사함을 전합니다.

God bless you!

0. 이런 수업 어때요?

1. (교과) 수학수업 어렵지 않아요

2. (자유학기제) 주제선택 수업 함께해요

3. 슬로리딩과 만난 수학수업

0.
이런 수업 어때요?

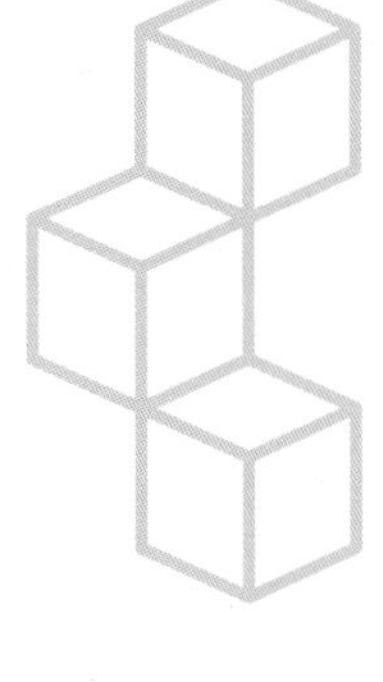

교사는 바쁘다

아침에 일어나자마자 숨 가쁘게 하루가 시작됩니다. 이부자리를 정리하고 아이들과 간단히 아침밥을 챙겨서 먹고 이것저것 정리하고 민낯을 가리기 위해 살짝 덧칠을 하고 학교에 오면 더 바쁜 일과가 시작됩니다. 아이가 사정이 생겨 늦는다는 학부모의 전화, 아침부터 장난치느라 바쁜 아이들, 여기 저기 어수선하게 서있는 아이들, 헐레벌떡 뛰어오는 지각생, 아침부터 안 좋은 일이 있었는지 불만투성인 아이들, 밤새 게임하다 지쳐 벌써 엎어져 있는 아이, 속이 안 좋다 아프다 칭얼대는 아이들, 교실 속 30명의 아이들은 저마다 이유가 있고 아침부터 불편한 기색입니다. 물론 모두가 그런 것은 아니죠? 바르게 앉아 책을 읽는 아이들, 오늘 배울 내용을 살펴보는 아이들. 선물 같은 하루의 시작은 결코 시작부터 쉽지 않습니다.

먼저 저의 이야기를 하자면, 올해 주당 수학교과 수업시수 20시간과 담임, 학교평가계 업무를 하고 있습니다. 뭐 하나 쉽지 않은 일들인데, 로봇도 아닌 제가 어떻게 이 많은 일들을 주어진 시간 안에 모두 해 나갈 수 있을까요?

아이들도 바쁘다

아이들의 입장에서 학교생활을 생각해보면, 매일 다람쥐 쳇바퀴 돌 듯 무거운 몸을 일으켜 학교에 오는 것부터 고난의 시작일 것입니다. 거의 매일 국어, 영어, 수학이 시간표에 못박혀 있고 선생님들은 교과서의 지식을 쏟아 붓죠. 30명의 아이들이 20평(학교설립 기준에 의한 교실시설 기준은 초. 중. 고교 구분 없이 모두 67.5㎡(20.41875평)로 똑같은 면적으로 시설토록 획일화하고 있음) 남짓한 교실에서 부대끼면서 자신의 공간이라고는 한 칸짜리 책상과 걸상이 전부일 것입니다. 아침 8시 30분부터 오후 4시 30분까지 아이들은 꽤 긴 시간을 학교에서 바쁘게 움직입니다. 쉬는 시간이 있기는 하지만 매점, 화장실, 복도 모두가 전쟁통처럼 분주합니다.

1교시부터 7교시까지 어느 하나 쉬운 과목이 없습니다. 그날 배울 내용도 만만치 않은데, 숙제와 모둠활동 요즘은 프로젝트형 과정평가까지 진행됩니다. 거기다 선생님의 훈계(잔소리)는 이어지고, 친구들 간의 말다툼이나 몸싸움을 하는 날이면 더 힘든 하루가 될 것입니다.

학교가 끝나도 끝이 아닙니다. 영어, 수학 학원에서 늦은 시간까지 또 다른 공부를 마치고 집으로 가면 작은 체구의 아이들은 파김치가 되어있을 법도 한데, 부모님들은 이제 자기 주도적 학습을 하길 기대하십니다. 잠깐 스마트폰 게임이라도 하려고 하면 부모님의 눈치에 기가 죽습니다. 교실에서 매일 마주하는 아이들, 생각해보면 자리에 앉아 있어만 주는 것이 기특할 정도입니다.

하루의 시작, 커피 한잔

반복되는 일상, 바쁜 하루의 시작이지만 저는 매일 아침 따뜻한 모닝커피와 페르시아 시(여인숙)를 읽고 하루를 시작합니다.

매일 아침 새로운 손님이 도착한다

기쁨, 우울, 초라함 몇 가지 순간적인 깨달음들이 뜻밖의 손님으로 찾아온다.

그들 모두를 환영하고 잘 대하라.

그들이 한 무리의 슬픔이라서 그대 집을 난폭하게 휩쓸고 가구들을 다 없애더라도

여전히 각각의 손님을 존중하여 대접하라.

아마도 그는 새로운 상쾌함을 위해 그대를 청소해주는 것일 테니

암울한 생각, 수치심, 못된 마음 그들도 문에서 웃으며 맞이하라.
그리고 안으로 초대해 들이라.
그 누가 오든지 감사하라. 각각의 손님을 안내자로서 저 위로부터 보내졌을 테니

이 시의 '손님'을 아이들로 바꾸어 다시 한 번 읽어보세요. 내가 간절히 원했던 교사가 되고, 나를 '선생님'이라 불러주는 소중한 손님 같은 아이들. 아이들이 있기에 교사로서 내가 있고 학교가 있다는 생각에 감사함이 저절로 생겨날 것입니다.

수업은 아프다

올 한 해 나에게 맡겨진 선물 같은 아이들. 아이들과의 소중한 수학수업. 아이스크림처럼 달달한 유인책은 그때뿐인 것을 모두들 경험하셨을 것입니다. 사람은 몸과 마음이 하나 된 피조물이라서 몸이 편하고 좋아도 마음이 반응하지 않으면 오래가지 않고, 마음이 앞서면 어떤 환경에서도 기적 같은 놀라운 변화가 생기곤 합니다.

솔직히 마법지팡이로 '아브라카다브라', '수리수리 마수리' 수학수업이 잘 되기를 외치고 싶을 때가 한두 번이 아닙니다. 난 그저 아이들이 수학을 좋아하고 잘하도록 돕고 아이들이 잘되기를 바라는 좋은 사람인데, 왜 아이들은 이끄는 대로 따라오지도 않고 심지어 반항에 적대심까지 갖는지 그럴 때마다 "헐~", 가끔 욕이 밖으로 나옵니다. 난 아무 잘못이 없는 것 같은데, 왜 나한테 이러는지……. 화

가 치밀어 오를 때는 '교사의 길을 선택한 것부터 잘못'이라는 마음에도 없는 말로 화풀이까지 합니다.

수학은 정답이 있어서 좋은데, 수업은 정답이 없습니다. 교사가 '오늘 수업 괜찮았어'하고 만족해도 아이들이 고개를 젓는다면 좋은 수업이라 할 수 없습니다. 어제 참 좋았던 것 같은 내용의 수업을 토시 하나 틀리지 않게 똑같이 해도 아닐 때가 있습니다. 수업은 교사 모두의 고민이고, 해결되지 않는 어려운 과제인 것만은 틀림없어 보입니다.

오늘의 수업

어느 교사 연수에서 '우리나라는 OECD국가 중에서 학업성취도는 우수하나, 학업만족도와 학습 동기는 낮다'는 말을 들은 적이 있습니다. 굳이 수치화하지 않더라도 교실에서 만나는 아이들의 표정은 모든 것을 말해줍니다. 수학 점수 100점을 맞으면 행복할까요? 잠시 행복할 수 있을 수 있으나 100점의 행복은 오래 가지 않습니다.

100점을 맞아도 잠깐의 행복으로 끝나는 현실 앞에서 수업은 어떻게 실천되어야 할까요? 교사가 결과(점수)에 초점 맞추어 수업을 진행하면, 수업은 힘이 들고 피곤해집니다. 요즘 세상에 회초리를 들고 강제적으로 수업을 이끌어 갈 수도 없고 수업이 올바로 세워지기 위해서는 아이들의 자발적인 따름이 있어야 합니다.

결과가 아닌 과정, 미래가 아닌 오늘을 위한 수업여야 합니다. 교사인 나에게 주어진 몫은 '결과'가 아닌 '과정'을 함께하고 안내하는 것이고, 결과와 결실은 아이들의 몫으로 남겨두어야 합니다. 그 과정에서 교사가 할 일은 아이들이 수학을 접하고, 알고 이해할 수 있도록 씨를 뿌리고 물을 주는 것이며, 진실한 마음으로 아이들을 대하면 충분합니다.

교사가 모든 것을 해야 하며 할 수 있는 것처럼 행동하지만, 오만이고 교만이었다는 것을 지난 16년의 경험에서 체감하였습니다. 아이들의 점수가 오른 것이 나의 땀과 노력이었다고 생각했지만 아이들의 수고와 노력이었고, 상담과정에서 아이들의 아픔을 나의 조언이 해결한 듯하였으나, 아이들이 아파하고 성숙해 가면서 스스로 깨우쳤음을 이제야 알게 되었습니다.

학교 현장을 '교실붕괴'라고 걱정하는 사회적 시선 앞에서 어쩌면 우리는 힘없는 교사일지 모릅니다. 하지만 아직 희망이 남아있을 때, 아이들을 보듬고 함께 나아가려고 합니다.

매시간 왁자지껄 웃음소리가 나는 교실은 아닐지라도 '아이들의 자존감을 살려주는 수업', '교실에서 주인공은 아이들인 수업', '재미있고 생각을 나누고, 공부가 두렵지 않은 수업'이 되길 바라봅니다. 나의 시선을 아이들의 눈높이로 낮추고, 가까이에서 친구들의 작은 숨소리까지 귀 기울 수 있는 나눔으로, 지금 당장 큰 배움과 성장을 기대하기보다는 세월이 갈수록 키가 크고 그늘이 넓은 나무가 되길 기다리는 마음으로 아이들을 지켜보면서 오늘 하루도 행복한 수학수업을 시작합니다. 오늘은 또 어떤 손님이 나를 기다리고 있을까요?

♬ 내 마음의 풍금(5가지 물음)

1. 처음 교단에 섰을 때를 기억하시나요? 그때의 나를 떠올려봅니다.

2. 하루의 시작, 출근길에 만난 아이들을 보면 나는 어떤 반응은 보입니까?

3. 교사로서 힘든 상황을 이겨낼 수 있는 버팀목 또는 에너지는 무엇입니까?

4. 나의 수업에서 아이들에게 전달하고 싶은 메시지는 무엇인가요?

5. 수업이 힘들 때, 나를 지치게 하는 것이 무엇인지 생각해봅니다.

관련도서

- 교사와 학생 사이(하임 G. 기너트 외 지음) 양철북
- 교실 속 자존감(조세핀 김 지음) 비전과 리더십
- 교사, 수업에서 나를 만나다(김태현 지음) 좋은 교사
- 교사, 삶에서 나를 만나다(김태현 지음) 에듀니티
- 나는 오늘도 교사이고 싶다(김찬호 엮음) 푸른숲

1. (교과)
수학수업 어렵지 않아요

내가 찾은 수업

학교에서 대부분의 시간은 '수업'입니다. 수업이 성공적이지 못하면 나머지 인성지도, 학급경영도 어렵습니다. 가장 기본이면서도 중요한 수업을 어떻게 하면 좋을까요? 아이들에게 배움과 성장이 일어나는 수업, 교사에게 어렵지 않고, 편하게 적용할 수 있는 수업, 아이들도 쉽게 이해하고 재미있게 모두가 참여하는 수업이 있을까요? 세상 어딘가에는 분명 있을 것입니다. 하지만 아직 저는 찾지 못했습니다. 그리하여 이곳저곳 찾아 헤매다 나름대로의 방법을 만들었고 이것이 바로 '미션수업'입니다.

먼저 제가 미션(mission)수업을 알게 된 사연을 소개하겠습니다. 2017년 더운 여름, 한국교원대학교 교육대학원에서 운명 같은 선생님을 만났습니다. 그 당시 베트남 호찌민시에 교환 교사로 가 있으며 이슬람문양에 관심이 많다고 함박웃음을 지으시던 『아이들을 살리는 수학수업』의 저자 문태선 선생님. '아이들을 늘 깨어있게 하면서 스스로 배우는 수업을 할 수는 없는 걸까? 교사도 아이들도 즐거운 수업을 어떻게 해야 만들 수 있을까?' 고민하던 중 '미션수업'을 시작하게 되었다고 합니다. 미션수업 이후, 무기력하게 앉아 있던 아이가 수업에 참여하기 시작했고, 묻고 배우려고 노력했으며, 작은 칭찬과 성공의 경험을 통해 자신감을 얻어가는 모습을 보였다고 합니다. '수업이 바뀌면 아이들도 바뀌고, 아이들을 살아나게 하는 일이 교사를 살리는 길이구나'하는 지당하신 문태선 선생님의 말씀에 저의 심장이 뛰기 시작했습니다.

사실 저는 그전까지 사는 게 바빠서 수업에 대해 큰 고민도 없이 아이들을 탓하는 '나몰라형' 교사였습니다. 누군가 학생활동 수업, 학생참여 수업을 이야기하면 '꼭 수업을 바꾸어야 하나? 지금도 문제없는데, 괜히 하는 일만 더 많아져 피곤해지는 건 아닐까?'하는 앞선 걱정으로 오히려 반감까지 갖기도 했습니다. 그러던 제가 문태선 선생님의 눈빛과 함박웃음에 매료되어 한순간에 미션수업을 적용하게 되었고, 수업을 바꾸게 되었습니다.

제가 바라는 수업은 '아이들의 자존감을 살려주는 수업'입니다. 공부를 잘 하는 모범생들은 다른 과목 선생님들도 충분히 예뻐하고 인정해줘서 자존감이 충분히 세워져 있습니다. 하지만 공부를 어려워하고 선생님과 눈만 마주쳐도 재빨리 눈을 피하는, 이유 없이 작아지는 아이들은 어떻게 하면 좋을까요? 한명도 포기하고 싶지 않은 소중한 아이들을 모두 함께 수업에 참여하는 수업이 '미션수업'입니다.

미션수업이란

수업에서 교사가 강의식 설명으로 수학적 개념과 원리를 설명하면 그 시간 내에 아이들은 공식을 외우듯이 곧잘 문제를 해결합니다. 하지만 다음 수학 시간에 아이들은 어제 배운 내용을 새까맣게 까먹고 아무것도 기억나지 않는다는 반응을 보일 때가 많았습니다. 지난 시간 '개념 설명이 어려웠을까? 헷갈리는 부분이 있었나?' 수업을 되돌아보고 더 자세히 설명을 해도 다음 시간이 되면 아이들은 같은 반응이었습니다.

그러던 중 어느 날 공개수업 촬영 동영상에서 정답을 발견하게 되었습니다. 수업은 교사인 제가 하고 있었고, 아이들은 아주 편안하게 쉬고 있었습니다. 문제풀이 과정에 오간 질문과 대답은 앞자리의 모범생 아이들이 듣기 좋게 응답해준 것들이었고 교실 뒤편 아이들은 그날의 교과서 페이지가 아닌 곳을 펴놓기까지 하였습니다.

그때의 배신감. 무엇을 하는지 몰라도 전혀 당황하지 않고 소곤거리고 재밌어 보이는 아이들, 피곤한지 손으로 턱을 괴고 앉아 눈을 감고 있는 아이들, 학원에서 미리 배워 안다는 '안다병'에 걸려 손가락 꿈틀하지 않은 아이들까지. 모두가 '배신자'라는 생각밖에 들지 않았습니다. 그러다가 깨달았습니다. '이제까지 학생이 중심이 아닌 수업, 나만의 수업을 하고 있었구나', 하고 말이죠.

미션수업은 교사가 바쁘지 않고, 아이들이 바쁜 학생 중심 수업입니다. 미션수업에서 교사는 교실을 순회하며 '배신자'들을 찾아 수업에 참여시키는 조력자의 역할을 합니다. 어느 날 한 아이가 물었습니다.

"선생님, 왜 맨날 우리는 바쁘고 선생님만 쉬어요?"

그때 저는 여유 있는 표정으로 대답하였습니다.

"글쎄 ~ 학(배울 學)생은 내가 아니라 너희들이니까!"

'미션'이란 오늘 수업에서 알아야 할 '핵심성취기준'을 수행하는 활동으로, 배움의 주권을 아이들에게 주고 아이들 스스로 자기주도적으로 수학 개념을 발견하도록 돕는 구성주의 교육철학에 바탕을 둔 수업방식입니다. 예전에 어떤 유명인의 강연에서 "중·고등학교 시절 공부는 가르치는 선생님이 다 했다"는 우스갯소리를 들은 적이 있습니다. "말을 하면서 사람은 자신의 생각을 정리하고 체계화하고 똑똑해지는데, 학창시절 아이들은 입을 막고 교사만 혼자서 떠드는 수업을 하니 교사가 좋은 수업 아니냐"고 교실 현장의 문제를 역설하였습니다.

수업을 고민하고 다양한 독서를 할수록 수업의 주권은 절대 교사일 수 없다는 신념이 생겨났습니다. 학생 중심 수업은 선택이 아닌 필수이고, 의무인 것입니다. 많은 사람들이 입시제도, 사회적 분위기, 교과서의 형태를 탓하며 교육의 앞날을 걱정하지만 교사는 수업을 통해 아이들을 변화시킬 수 있고 아이들을 도울 수 있습니다.

기존에 수학수업은 교사의 개념설명과 예제 풀이를 보고, 아이들이 문제를 모방하여 푸는 형태입니다. 교사가 수업시간에 시범을 보인 문제를 아이들이 기계적으로 암기해서 답을 구하는 과정과도 같습니다. 시간은 비교적 적게 걸리지만 시간이 지나면 쉽게 기억에서 사라져버립니다. 수학수업에서 우리가 나아가야할 방향은 '수학적 사고의 힘'인데, 기계적인 암기와 모방은 깊은 사고로 이어지지 못합니다.

수업시간에 의외로 아이들은 선생님의 말에 귀를 기울이지 않습니다. 교사가 말하길, "지금부터 소수와 합성수에 대해 알아볼 거예요. 소수는 자연수 중에서 약수가 1과 자신뿐인 수를 말해요. 합성수는 약수의 개수가 3개 이상인 수들을 말해요"라고 할 때, 이 말에 집중하는 아이들이 몇 명쯤 있었을까요? 제가 만나본 아이들 중에는 제대로 이해한 아이가 반도 안 되었던 것 같습니다. 어쩌면 오늘 무엇을 할지(소수와 합성수)조차 듣지 못한 아이들도 있었을 것입니다.

'미션수업'은 교사의 일방적인 주입이 아닌 아이들 스스로의 자기 주도적으로 해결해가는 수업입니다. 미션수업에서 '미션'은 오늘 해야 할 수행과제이고, '미션지'에는 수업의 시작부터 끝까지 수업의 순서대로 오늘 해야 할 일을 알기 쉽게 적어서 제시합니다.

예시

Mission 1 (pp. 12 ~13)

– 소수와 합성수 –

1. EBSmath 영상을 보고, 다음 물음에 답하시오.
   ① 영상 제목:
   ② 소수의 정의:
   ③ 소수 10개 적기:
   ④ 소수의 곱으로 나타내기:
   35=　　　　　　　　　　　　　　　135=
   ⑤ 소수를 체를 거르는 방식으로 알아본 고대수학자 이름:

2. 교과서에서 한자를 찾아 적으시오.
   ① 소수(　　): 2, 3, 5, 7, ……
   ② 소수(　　): 0.1, 0.2, 0.3, ……

3. 다음 자연수를 세 개의 그룹으로 나누고, 그 기준을 적으시오.

1, 2, 3, 4, 5, 6, 7, 8, 9, 10

4. 교과서를 12~13쪽 읽고, 예제 1~3, 문제1~4를 해결하시오.
5. (과제) 수학공책에 '에라토스테네스의 체'를 이용하여 1 ~100까지 자연수 적고, 소수를 찾아보시오.

※ 미션을 모둠과 함께 모두 해결한 사람만 미션도장 받기!

용어 정리	소수:　　　　　　　　합성수:
심화 미션	1. '1'은 소수일까? 합성수일까? 2. 인터넷 검색을 통해 현재까지 알려진 가장 큰 소수를 찾아오기

미션(mission)수업 준비

미션수업은 수업 전, 교과서를 재구성하여 미션지를 제작하는 것에서부터 출발합니다.

① 아이들은 자기의 경험과 환경과 관련된 소재에 관심을 보이고 집중합니다. 교과서에 다양한 예제와 문제가 있지만 솔직히 재미가 없습니다. 그래서 교사가 미션을 만들 때, 아이들의 관심사를 이용하여 각색을 합니다.

예1) 중학교 2학년 호섭이는 연립일차방정식-'닭, 소의 개수 구하기'문제는 해결하지 못하지만, 아버지가 운영하는 해장국집의 '설렁탕과 순댓국의 개수 구하기'는 중간에 포기하지 않고 끝까지 답을 구할 수 있었습니다.

예2) 중학교 1학년 태수는 사이클로이드를 활용한 그래프 그리기 활동에서 '이런 것을 왜 하나?'지루해 했지만, 유튜브 영상(배틀그라운드에서 사이클로이드를 활용하여 가장 먼저 낙하는 법)을 시청하고 나머지 활동을 끝까지 참여하였습니다.

예3) 중학교 3학년 현수는 평균, 최빈값, 중앙값 구하기를 헷갈려 하였는데, 〈쇼미더머니7〉 최고의 래퍼를 가리는 심사과정에서 세 가지 경우로 제시하자 이해하고 나머지 예제와 문제도 어렵지 않게 해결하였습니다.

예4) 중학교 1학년 아연이는 'x문자 도입'부터 어려워하여 방정식풀이를 할 수 없었는데, 'BTS 구성원 나이 구하기'를 문제로 제시하자 식 세우기, 문제풀이를 친구의 도움을 얻어 해결하였습니다.

② 매시간 동기유발을 위해 교과서 이북(E-book), EBSmath 콘텐츠, EBS 배움너머, 유튜브 등 시각적인 자료를 활용하여 오늘의 수업에서 배울 내용을 미리 확인합니다. 미션지에 영상과 관련된 질문을 넣어 아이들에게 영상을 주

의 깊게 보고 답을 찾아보게 합니다.

예1) EBSmath - '문자와 식이 없었다면'

① 영상에 소개된 사다리꼴을 그리고 넓이를 구해보시오.

② 세르비아, 루마니아, 일본, 미국 4개 국가의 아이들이 해결한 방법과 자신의 방법을 비교하시오.

③ 수학에서 문자와 기호가 사라진다면 어떨지 상상해서 적어보시오.

예2) 유튜브 - '통계송'빈칸채우기

(   ) : 자료 전체 계급 나눠 계급 속 도수 조사표

(   ) : 자료를 수량으로 나타낸 것이고 계급은 변량 나눈 구간

(   ) : 계급의 크기 가로, 도수를 세로로 하는 직사각형 그래프

예3) EBS 배움너머 - 'π 데이 '

°π 데이는 언제인가요?

°π 데이에 먹는 음식은 무엇인가요?

°π값을 지금까지 가장 많이 외운 사람은 누구인가요?

③ 미션에 제시된 문제는 아이들의 수준(상, 중, 하)을 고려하여 다양하게 제시합니다. 교과서는 개념설명 30%, 예제 30%, 문제 40%가 제시되는데, 대부분의 문제가 중·하 수준으로 구성되어있어서 미션과제로 가끔은 상수준의 사고력을 요구하는 심화문제를 추가로 제시할 필요가 있습니다.

예) 다음 글을 읽고 물음에 답하시오.[1)]

---

1) 비상교육 중학교 1학년 수학 E-book 논술형 과제

어느 마을에 의좋은 형제가 살았다. 형제는 농사일을 서로 도우며 각자의 과수원에서 열심히 농사를 지었다. 그 결과 빨갛고 튼실한 사과를 수확하게 되었다. 형과 동생은 수확한 사과 중에서 큼직한 사과 140개와 120개를 각각 시장에 내다 팔기로 했다. 형은 5개에 6,000원씩, 동생은 4개에 5,000원씩 받고 팔기로 했다.

그런데 오전에 형은 10개, 동생은 20개밖에 못 팔았다. 그래서 오후에 형은 원래 가격의 15%를, 동생은 10%를 할인해서 팔았더니 형은 남은 사과 중에서 50%를, 동생은 40%를 팔았다.

저녁 시간 이후에 형이 동생에게 서로 경쟁하지 말고 협력해서 팔면 힘도 덜 들고 사과도 빨리 팔 수 있을 것이라고 제안했다. 형제는 서로 협력해서 나머지 사과를 5개에 5,500원씩 받아 모두 팔고, 판매 금액을 절반씩 사이좋게 나누어 가졌다.

(1) 저녁 시간 이전까지 (동생의 판매 금액) — (형의 판매 금액)을 구하시오.

(2) 저녁 시간 이후에 형의 제안은 동생에게 이익이 되는지 말하시오(단, 사과는 모두 팔았다고 생각한다).

(3) 동생은 형에게 더 많은 이익을 주기 위해 저녁 시간 이후의 판매 금액의 $\frac{3}{5}$을 형에게 주겠다고 하였다. 이때 형의 총 판매 금액은 동생의 총 판매 금액의 몇 배가 되는지 구하시오.(단, 사과는 모두 팔았다고 생각한다.)

④ 지필평가에서 수학 문제는 문제해결력을 확인하는 경우가 대부분이지만 수학 학습 원리에서는 끈기 있는 태도 기르기, 수학적 추론을 통해 자신의 생각을 정당화하기, 수학적 의사소통 능력 기르기, 관찰하는 습관을 통해 규칙성 찾아 표현하기, 여러 가지 수학 개념을 연결하기 5가지가 제시되어 있습니다. 의도적으로 수학학습원리를 고려하여 수업에서 수학적 태도가 길러

지도록 이끄는 것도 교사의 중요한 역할이라고 생각됩니다.

예) 집중하여 관찰하고 규칙성 찾기

다음 그림과 같이 붙임 딱지를 Y자 모양으로 계속해서 붙여 나갈 때, 붙임 딱지의 개수를 식으로 나타내는 방법을 구하시오.

〈1번째〉 〈2번째〉 〈3번째〉 〈4번째〉

(1) 5번째 붙임 딱지의 개수를 구하시오.

(2) n번째 그림에 붙여야 할 붙임 딱지의 개수를 식으로 나타내는 방법을 설명해 보자.

미션수업의 진행

미션수업은 수학의 개념과 원리를 아이들이 스스로 자기주도적으로 발견하고 해결해 가는 것입니다. 아이들의 수준에 따라 이해도는 다르지만 모둠과 협력하여 수업에 참여하고 배움을 쌓아갑니다. 교사의 전달식 수업보다 시간과 노력이 더 필요하고 속도도 느리겠지만 천천히 학습이 결국은 아이들을 살리는 수업이라 믿고 학기말까지 수업을 꾸준히 진행하기 바랍니다.

① 수업이 시작되면, 관심 집중과 동기유발을 위해서 수업관련 영상(5분 내외, 너무 긴 영상은 아이들이 지루해 함)을 시청합니다. 영상이 시작되면 교실은 조용해지고, 아이들은 수학공책에 딱풀로 미션지를 붙이고 영상에 집중하여 미션을 해결합니다.

② (수업 활동 전반전- 아이들 스스로 자기주도적 학습 20분) 동기유발 동영상 시청이 끝나면, 교사는 아이들에게 "지금부터 오늘의 미션활동을 시작하세요!"라고 말하고, 스스로 자기주도적 학습을 하도록 합니다. 미션활동은 모둠과 함께 예제, 문제를 협력하여 해결가능하고 교사는 교실을 순회하면서 아이들이 도움을 요청할 때 적당히 개입합니다.

〈미션수업 진행순서〉
동기유발 영상 시청(5분)
EBSMATH
미션 스스로 해결하기(20분)
함께 확인하기(15분)
미션 수행 완료(5분)

③ (수업 활동 후반전- 아이들이 해결하고 교사가 돕는 교수·학습활동 20분) 교사와 아이들이 함께 미션지와 교과서 예제, 문제를 확인합니다. 수업내용에서 꼭 알아야 할 내용은 교사가 추가 부연 설명을 하고 문제풀이는 순번을 정해서 돌아가면서 칠판에 풀이를 합니다.

④ 모둠이 모두 수학책과 미션지(공책정리)를 수행한 경우 그날의 미션도장을 받고 수업을 마무리합니다. 간혹 미션지에 오타가 있는 경우 오타를 발견한 아이에게는 미션도장을 보너스 선물로 지급하기도 합니다.

효과적인 미션수업

미션수업은 교사가 미션지를 만들면서 교과에 대한 공부를 깊이 있고 다양하게 할 수 있습니다. 교과서 내용뿐 아니라 관련 동영상(EBSmath, e-학습터, 유튜브 등)을 찾고, 게임이나 퀴즈 활동지(참고할 인터넷카페: 아이들을 살리는 수학수업, 아이와 선생님 모두가 즐거운 수학수업)를 만들면서 교과에 대한 전문가적인 자부심을 느낄 수 있습니다. 미션지를 매시간 준비해야 하는 시간과 노력이 필요하지만 한번 만든 미션지는 다른 반에서 반복 사용 가능하다는 장점이 있습니다.

보다 더 효과적인 미션활동을 위해서는

첫째로 서로 돕고 가르칠 수 있는 모둠활동이 중요합니다. 저 같은 경우 학기초 자리배치를 할 때, 모르는 것을 질문하는 멘티와 가르쳐줄 멘토 아이를 짝꿍으로 합니다. 가능하면 동성보다는 이성으로 자리 배치를 하면 좀 더 예의를 갖추어 도와주는 모습을 볼 수 있습니다(자리 배정: 1학기 3월초, 중간고사 이후, 2학기 9월초, 중간고사 이후. 1년에 4회).

처음부터 아이들이 묻고 답하기가 자연스럽게 이루어지는 것은 아닙니다. 수줍어서 묻지 못하는 아이들도 있는가 하면 '가르쳐주면 내가 손해'라는 생각으로 묵묵부답하는 아이들도 있습니다. 학기 초 오리엔테이션 시간에 유태인의 하브루타 영상과 서로 가르치면서 공부하는 것의 효과에 대한 학습 효율성 피라미드를 알려줍니다. 가르쳐주는 것이 손해가 아닐 뿐 아니라 가까운 미래에 '나비효과'(나비의 작은 날갯짓이 날씨 변화를 일으키듯, 미세한 변화나 작은 사건이 추후 예상하지 못한 엄청난 결과로 이어진다는 의미)를 일으킬 것이라는 긍정의 예언까지 덧붙입니다. 그러면 아이들은 서서히 마음의 문을 열고, 짝이 귀찮고 나를 방해하는 장애물이 아닌 '내가 가르쳐 줌으로써 나에게도 도움이 되는 존재'라고 받아들이게 됩니다.

둘째로 미션수행을 잘 했는지 정확한 확인이 필요합니다. 아이들은 미션도장이 수행평가로 이어지기 때문에 무조건 도장을 달라고 떼쓰는 경우가 종종 발생하곤 합니다. 미션지를 빠짐없이 해결했는지, 교과서의 문제를 올바르게 식을 적고 풀이하였는지 꼼꼼하게 확인하고 날짜도장이 적힌 도장을 찍어주는 것이 좋습니다. 날짜가 적힌 도장은 아이들 간의 수학공책에 적힌 날짜와 일치하기 때문에 나중에 수학공책 검사를 할 때 유용하고, 아이들 간의 '불법거래(돈을 주고 미션수행 도장을 사고파는 행위)'를 방지할 수 있기 때문입니다.

셋째로 효과적인 미션수업을 위해서 첫 번째 반에서 활용한 미션의 오류가 있거나 안 맞을 때 즉각적으로 미션지를 보완하는 것이 바람직합니다. 이럴 때는 아깝다 생각하지 마시고, 이미 만들어진 미션지를 과감히 포기하시고 새롭게 시작하시는 것을 추천해드립니다.

넷째로 끝까지 미션수업을 진행할 수 있는 교사의 신념이 필요합니다. 수업 45분에서 (동기유발 영상시청 5분 포함) 25분은 꽤 긴 시간입니다. 아이들에 대한

믿음과 자기 주도적 학습을 통한 수학적 개념의 발견을 지지해주어야만 미션수업은 가능합니다. 수학수업에서 25분 동안 교과서도 읽고, 직접 문제를 풀어보고 잘 안 풀리는 문제는 어떻게 풀지 고민하고 모둠과 대화를 통해 부족한 점을 채워가는 값진 시간입니다.

3월 초를 잡아라

교직은 전문직이라고 하는데 해가 갈수록 경험과 경력이 쌓여 가도 매년 3월초가 되면 긴장감에 잠을 못 이루곤 합니다. 학기 초 교사가 첫 수업을 긴장하는 것만큼 아이들도 첫 수업에 대한 두려움이 있습니다. 3월 초 아이들에게 정확한 안내와 합의가 이루어진다면 원활한 미션수업을 진행할 수 있습니다.

① 미션수업에 대한 정확한 안내를 합니다.

(교사: "선생님은 올 한해 '미션'이라는 수행과제를 선생님의 설명이 아닌 아이들 스스로 수학문제를 해결하거나 모르는 문제는 모둠과 협력하여 문제를 해결해 나가는 수업을 할 거예요. 미션이란? 오늘 이 시간에 우리가 공부해야 할 내용이자, 수행과제예요. 친구들과 협력해서 서로 돕고 가르쳐주고 배우는 우리가 되어야 해요.")

② 수학실 안내수칙을 교실에 부착하여 안내합니다.

> **※ 수학실 안내수칙**
> 하나. 수업시작 3분 전에 자리에 앉아 수업 준비를 합니다.
> 둘. 교과서, 연필(샤프), 수학공책, 딱풀을 준비합니다.
> 셋. 수학교실을 소중하고 깨끗하게 사용합니다.
> 넷. 서로 존중하며 즐겁고 열심히 공부합시다.

③ 규칙을 잘 지키도록 점검합니다.

수업이 시작된 첫 주에는 안내 수칙을 지키지 않거나 준비물을 가져오지 않은 아이들의 수행도장을 쓱싹(제거)하는 등 미션수업이 원활히 진행될 수 있도록 점검을 합니다. 반 전체가 안내수칙을 잘 지켰을 때, 모두에게 수행도장을 보너스로 지급하거나 때에 따라 적절하게 사용하면 아이들과 수행도장으로 인한 스트레스 없이 즐거운 수업이 가능해집니다.

④ 아이들과의 미션수업에 대한 충분한 합의가 필요합니다.

교사 중심 수업의 승패는 아이들과 기 싸움에서 결정되겠지만, 학생 중심 수업은 아이들이 마음의 문을 여는 것이 중요입니다. 이미 초등학교 시절 수학에 대한 배신과 공포증을 경험한 아이들은 수학에 대한 두려움과 무력감이 내재되어 있습니다. 하지만 수학을 포기했다고 하는 아이들도 그 속내를 물어보면 '잘하고 싶다'는 반응을 보입니다.

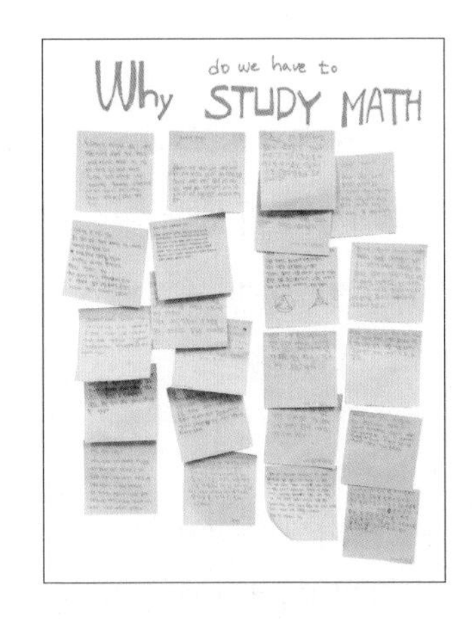

저는 첫 시간 EBSmath '왜 수학을 공부하는가'라는 영상으로 아이들의 마음의 문을 두드립니다. 요즘 시대에 수학은 아주 중요한 학문이고, 우리는 수학에 관심을 가지고 공부해야 한다는 내용의 영상을 시청하고 수학일기를 쓰게 합니다.

3월 초라서 그런지 아이들은 교사의 의도대로 수학의 중요성을 인식하고 열심히 해보겠노라 다짐까지 합니다.

특별히 3월은 아이들도 적응기간이니 미션지를 만들 때 더욱 신경을 쓰고 수업시간에 느린 여유를 가지고 아이들이 참여할 수 있도록 안내하고 지켜볼 필요가 있습니다.

- 오늘 학교에서 '왜 수학을 공부하는가?'라는 영상을 봤다. 앞으로는 수학을 잘하는 사람이 성공한다니 수학을 별로 잘하지 못하는 나는 걱정이 되기도 하고 수학을 잘하는 사람들이 부럽기도 했다. 하지만 나는 수업시간에 선생님 말씀을 잘 들어 열심히 수학을 공부할 것이다. 그러면 수학과 친해질 수 있을 것 라고 생각한다.(서지*)
- 중학교에 입학한지도 1주가 넘었다. 초등학교 때부터 수학수업을 꽤 한 것 같은데, 수학을 왜 배우는지 잘 몰랐다. 하지만 오늘 선생님이 그것에 관한 영상을 보여 주셨고, 미래에는 수학에 관련된 직업이 발달할 것이라고 하셨다. 나도 나중에 좋은 직업을 가지기 위하여 지금이라도 수학 공부를 열심히 해야겠다.(조연*)

미션수업 슬럼프 극복기

학기 초 굳은 마음을 먹고 시작한 미션수업도 시간이 지나면서 다음과 같은 이유들로 중도 포기하는 것을 종종 보아왔습니다.

- 매시간 미션지 제작이 번거롭다
- 아이들의 원망 섞인 불평이 불편하다
- '진도'를 나가야 하는데 수업 속도가 느리다
- 아이들이 잘 따라오는지 의문스럽다

슬럼프에 빠졌을 때 교사의 신념을 다지는 시간이 필요합니다. 『가르칠 수 있는 용기』(파머, 2000), 『지금 가르치는 게 수학 맞습니까?』(최수일, 2017), 『침묵으로 가르치기』(핀켈, 2010) 등 책을 읽으면서 '가르침은 주로 듣는 것이고, 배움은 주로 말하는 것이다. 아이 먼저, 교사는 다음'이라는 자기반성과 자기 돌봄의 시간을 갖는다면 초심이 살아날 것입니다. 나만의 수업 정체성을 재확립하고도 교사도 사람이라서 수업철학은 자꾸만 무너지고 회복되기를 반복합니다.

저는 수업 중간에 아이들의 수학일기 쓰기 시간을 종종 갖는데, 한 아이의 일기를 보고 미션수업에 대한 아이들의 속마음을 알게 되었습니다.

> 오늘 자리를 바꾸었다. 그런데 짝꿍이 이상하다. 말을 안 한다. 짝꿍이 못하면 나도 도장을 못 받는데, 나는 꼭 도장 30개를 얻고 싶은데, 짝꿍은 계속 말을 안 한다. 영어시간에 같이 대화하는 걸 했을 때도 나만 말하고 그 애는 말을 안했다. 조금 이상했다.
> 그래도 짝꿍과 열심히 해서 도장을 많이 받고 수행평가 A를 받고 싶은데 어떡하면 좋을지 모르겠다. (정예*)

그날 오후 두 아이를 불러 조용히 '수학일기'에 쓴 내용에 대해 물어보았습니다. 짝꿍 아이는 누적된 학습결손으로 수학 수업을 따라가기 어렵다고 이야기하였고, 다른 과목은 그저 조용히 있으면 수업에 방해가 되지 않기 때문에 선생님들의 눈을 피할 수 있었다고 했습니다.

미션수업은 그동안 교사의 목소리에 가려져 들리지 않았던 아이들의 목소리를 듣게 합니다. 아이들의 배움이 오고가는 소리, 수업이 힘들어도 저항하지 못했던 마음의 소리. 두 아이와 상담을 통해서 저는 미션수업을 포기하는 것이 아니라 미션수업을 해야 하는 강한 의지가 생겼습니다. 그날 밤 집에 돌아와 보너스 미션 10회분을 제작하였습니다. 당장 수업에 필요한 전시학습 복습과정을 만들어 출력하여 보기 좋게 오려두고 두 발 뻗고 잠을 청하였습니다.

수학수업에서 아이들 간의 적극적인 소통을 위해 교사는 조용한 조력자가 되어야 합니다. 아이들 속에 개입하는 순간 수업의 주체가 아이들에서 교사로 옮겨져 가고 아이들은 입을 닫습니다. 하지만 개입이 필요한 아이들과 수학 수업 후에 보너스 미션으로 만나서 소통을 하니 교사로서 행복한 시간이 되었습니다.

Bonus Mission 1

1. 정수, 유리수의 덧셈, 뺄셈을 계산하시오.

① $-5+5=$	◀────▶
② $-7+10=$	◀────▶
③ $-5+10=$	◀────▶
④ $-3-7=$	◀────▶
⑤ $3-7=$	◀────▶
⑥ $13-8=$	◀────▶
⑦ $100-200=$	◀────▶
⑧ $-\frac{1}{5}+\frac{2}{3}=$	◀────▶
⑨ $-0.2+2.1=$	◀────▶
⑩ $\frac{2}{5}-\frac{3}{7}=$	◀────▶

※미션을 직접 풀고, 짝꿍이 채점을 해주세요!
다 맞으면 둘 다 도장 드립니다.^^

Bonus Mission 3

1. 정수, 유리수의 곱셈을 계산하시오.

① $3\times(-7)=$	
② $5\times(-6)=$	$(-5)\times6=$
③ $(-\frac{3}{4})\times(\frac{4}{9})=$	$(-\frac{3}{4})\times(-\frac{4}{9})=$
④ $(-\frac{4}{5})\times(-\frac{5}{2})=$	$(-\frac{4}{5})\times6\times(-\frac{5}{2})=$
⑤ $5\times2\times(-19)=$	$(-5)\times2\times(-19)=$
⑥ $(-5)\times3\times(-2)=$	$(-5)\times(-3)\times(-2)=$
⑦ $(-8)\times(-5)\times2=$	$(-8)\times(-5)\times(-2)=$
⑧ $3^2=$	$(-3)^2=$
⑨ $(-3)^2\times(-8)=$	$(-3)^2\times8=$
⑩ $(-2)\times(\frac{1}{4})\times3^2=$	$2\times(-\frac{1}{4})\times(-3^2)=$

※미션을 직접 풀고, 짝꿍이 채점을 해주세요!
다 맞으면 둘 다 도장 드립니다.^^

릴레이 미션

교과서 개념과 원리, 예제와 문제풀이를 아이들 손에 모두 맡기다 보면 아이들이 잘 이해하고 있는지 궁금할 때가 많습니다. 물론 수업 후반전에 아이들이 나와서 문제를 해결하는 것으로 확인하고 있지만, 단원 정리단계에서 아이들이 어느 정도 얼마나 이해하였는지 점검(릴레이 경주)하는 시간을 갖습니다.

〈방식〉

- 인원: 4명의 아이, 한 모둠
- 시간: 1인 7분씩, 총 30분(개인문제 풀이까지 완료)

- 문제: 모둠 문제 - 20문제, 개인 문제 - 10문제
- 점수: 모둠 문제 점수(맞은 개수×3점) + 개인문제 점수(맞은 개수×4점)
- 반영: 점수에 따라 도장 차등배분(70점 이상: 도장 +α, 70점미만: 도장 -α)

아이들에게 사전에(일주일 전) 릴레이 미션 하는 날을 공지하면, 네 명이 한 모둠이 되어 서로 가르쳐주고 배우는 분위기를 만들어갑니다. 도움이 필요한 아이들은 쉬운 문제를 공략하고 도움을 주는 아이들은 어려운 문제와 모둠 문제 검토를 담당합니다.

릴레이 미션 후 아이들의 소감을 받아보면, '초침 소리가 긴장되고 재미있었다', '열심히 공부해서 다음번에는 더 잘하고 싶다', '친구들이 잘 해줘서 고맙고 노력해야겠다', '이번 단원은 미리 풀어봤더니 쉽게 풀려서 기분이 좋았다', '내가 잘 못해서 친구들에게 미안하다' 등 다양한 반응이 나옵니다. 기존에 단원마무리 연습문제는 숙제로 내주고 모르는 문제만 교사가 풀이해주는 방식이었는데, 릴레이 미션은 미션수업의 연장으로 아이들의 자기주도적 학습이 이루어지는 교사와 아이들 모두가 만족하는 수업입니다.

〈릴레이 미션 소감〉

- 릴레이는 친구들과 돌아가면서 문제를 푼다. 제한시간 동안 문제를 풀고 시간이 다 되면 다음 친구와 체인지한다. 개인 문제와 모둠 문제를 풀고 맞은 개수에 따라 도장 개수가 늘기도 하고 줄기도 해서 더 노력하여 문제를 풀 수 있던 계기가 된 것 같고 선의의 경쟁을 한 것 같다.(송은*)
- 모둠 친구들이 문제를 잘못 풀거나 늦게 풀면 가끔 화나기도 했지만 같은 모둠끼리 하나가 되어서 한 장의 문제를 푸니 재미있었다. 문제를 많이 맞으면 함께 기뻐하고, 문제가 틀리면 함께 슬퍼하는 것이 재미있었다.(송규*)
- 릴레이를 통해 내가 어디까지 성장했고 부족한 부분은 무엇인지 알았고 어려운 문제를 한 번씩 더 보는 계기가 되었다. 항상 풀 때마다 긴장되기도 했고 힘들기도 하지만 릴레이 미션을 할수록 더 성장할 수 있었다. 심화문제, 기초문제, 연산 등 여러 가지 문제가 다양해서 더 좋았던 것 같다.(황우*)

미션수업 추천

얼마 전 말로만 듣던 2019 배움의 공동체 전국세미나를 처음으로 참석하였습니다. 800여 명의 교사들이 수업에 대한 열정으로 더위를 잊고 한자리에 모인 모임에서 큰 감동을 받았습니다. 처음 '배움의 공동체'라는 말을 들었을 때는 그들만의 축제 같아서 불편함이 있었는데, 사토마나부 교수의 기조강연을 듣고 수업의 변화를 꿈꾸는 교사들의 눈빛에서 아이들을 살리고자 하는 강한 의지를 느낄 수 있었습니다. '한 명도 포기하지 않은 질 높은 배움'이라는 주제로 오늘날의 시대적 변화 앞에서 교사의 일제식 수업이 아닌 아이들이 주도하는 모둠 협력 탐구학습이 필요한 시점이라고 강조하였습니다. 평소 미션수업을 하면서 내가 생각했던 것들이 틀리지 않았다는 생각에 안도감과 뿌듯함을 느꼈습니다. 이제는 동료 교사와 나눔과 공유가 필요하다는 마무리 말씀에서 여름방학 내내 비록 소소한 수업들이지만 이렇게 책으로 선생님들 앞에 공유하고자 애쓴 시간과 노력들이 헛되지 않았다는 생각에 보람을 느꼈습니다.

예전에 광고에서 '남자한테 참 좋은데, 어떻게 표현할 방법이 없네'라는 피알(PR)을 본 적이 있는데, 수학 미션수업 또한 '선생님들과 아이들한테 참 좋은데, 어떻게 표현할 방법이 없네'라고 말씀드리고 싶습니다. 교사가 강요하지 않아도 자연스럽게 수업이 진행되는 학생과 학생, 교사와 학생이 상호작용하는 진정한 수업, 일부 똑똑한 아이들만이 아닌 모두가 참여하는 풍요로운 수업, 교사와 아이들이 서로 존중하고 존중받는 수업, 교사는 수업을 디자인하고 아이들은 수업에서 스스로 탐험하듯 개념을 찾고 문제를 해결해가는 수업이 미션수업입니다.

배움의 공동체 수업사례에서 정년을 4년 남긴 흰머리가 희끗희끗한 웃음 띤 남자선생님의 샘플강의를 보았습니다. 45분 수업에서 18명의 아이들은 '단항식과 다항식의 곱셈(분배법칙과 전개)'을 한 문제 한 문제 천천히 해결해나갔습니다. 처음에는 '우리 학교 아이들이라면 10분이면 다 해결하고도 남은 시간인데……'하며 지루해서 하품을 하고 지켜보고 있었는데, 시간이 갈수록 생각이 바뀌어 갔습니다. 45분 동안 오직 단항식과 다항식의 곱셈에 대해서만 대화하고 몰입해가는 아이들의 진지함과 아이들을 보채지 않고 긴 여유를 가지고 기다려주는 선생님의 마음. 그것이 배움이었고 이것이 공동체라는 생각이 들었습니다.

사실 아직까지도 저의 마음속에는 미션지를 다 해야 직성이 풀리고, 아이들이 다 했는지 확인해야 마음이 놓이는 반반교사였던 것 같습니다. 말로는 아이들이 주도하는 아이들을 존중하는 수업이라고 힘주어 말했지만, 아이들보다 교사가 먼저였던 것 같아 샘플수업을 보는 말미에는 고개가 숙여졌습니다. 수업하신 선생님의 수업자 말씀에서 "수업은 관계입니다. 수학수업을 하기 이전에 아이들을 소중히 여겨주시고, 교사로서 화내기, 함부로 말하기를 멈추고 함께하기를 실천하시기 바랍니다"라고 부탁하셨습니다.

학교에서 선생님과 아이들은 함께 살아갑니다. 한 가족처럼 수많은 시간 동안 웃고 울고 떠들고 싸우고 혼내고 격려하고 칭찬하고 생활하면서 우리는 살아갑니다. 이제는 교사가 알고 있는 지식을 아이들에게 전달하는 수업이 아닌 아이들이 스스로 해결해갈 수 있는 자유스럽고 경청할 수 있는 분위기와 호기심을 품고 서로간의 대화하고 질문하면서 원리를 탐구하고 개념을 알아가는 살아있는 수업을 만들어보는 것은 어떨까요?

교사는 수업을 디자인하고 아이들이 할 수 있도록 북돋아주고 느린 기다림으로 지켜보면 됩니다. 미션수업이 결코 정답은 아닙니다. 지식을 강요하고 아이들에게 따라 하기 형태의 주입식 수업은 아이들을 살릴 수 없다는 것을 말씀 드리고 싶었습니다.

'교육의 질은 교사의 질을 벗어나지 못한다'는 말이 있습니다. 한때 그 말이 몹시 부담이 되어 대학원에 진학하여 수학전공지식을 더 공부하고 방학 때마다 연수를 찾아다니면서 듣기도 했는데 지금은 그 말에서 해방되었습니다. 교사의 지식이 아닌 아이들이 스스로 배움으로 성장할 때 교육의 질은 결정됩니다. 단지 교사는 아이들이 배움으로 다가갈 수 있도록 환경을 조성하고 기다리고 분위기를 조성하는 역할이라는 것을 분명히 깨달았습니다. 똑똑한 교사이기를 포기하고 기다리는 교사가 되기로 마음먹는 순간부터 수업이 즐거워지고 아이들이 보이기 시작했습니다. 정답이라고 말할 수는 없지만 '미션수업'으로 교사가 행복한 수학수업, 아이들의 자존감을 살려주는 수업을 꿈꾸어봅니다.

함께해요. 미션수업!(학생 소감문)

♬ 미션수업은 내가 스스로 해결해나가는 것이어서 은근한 성취감이 있었다. 처음에는 별로 내키지 않았지만 하다 보니 점점 익숙해졌고 미션을 해결하기 위해서 수업을 더 집중해서 듣게 되고 모둠과 협력을 하다 보니 더 많은 것을 알게 되는 수업인 것 같다. 내가 모르는 것은 모둠이 채워주고 모둠이 모르는 것은 내가 채워주면서 협동심도 생겨나고 다른 친구들보다 더 빨리 하려는 경쟁심도 많이 생긴 것 같다. 미션수업은 작지만 내게 많은 변화를 주었다.

♬ 수학 시간에 미션을 성공하면 도장을 받고 잘못하면 도장을 받지 않는 규칙으로 매시간 수업에 집중하고 참여하게 되었다. 미션수업은 보물찾기를 하는 것처럼 미션을 읽어보고 내가 직접 찾아서 해야 되기 때문에 전부 다 끝냈을 때는 성취감도 컸다. 그리고 모둠과 같이 하는 활동이라서 친구와 전보다 더 친해지는 기회가 되었다. 나는 수학학원을 다녀서 항상 수학 시간은 따분했는데 이제는 수학 시간이 재미있고 기다려진다.

♬ 어려운 수학을 복잡하지 않게 작은 종이에 많은 것들을 배울 수 있어서 의미 있는

수업이었다. 미션을 수행할 때 내 자신이 기특하고 뿌듯하고 자신감이 생겼고 덕분에 수학 점수도 많이 올랐다. 다음 학년에서도 수학을 스스로 해결하는 방식의 미션수업을 계속하고 싶다.

♬ 매일 수학 시간마다 미션지를 나누어 주고 오늘 해야 할 것들을 순서대로 할 수 있도록 안내해주고 책과 함께 내용을 정리하며 문제를 해결할 수 있어서 공부가 효율적이었다. 다른 선생님들과 달리 내가 스스로 해야 하는 수업이라서 부담스럽기도 했지만 재미있었고 수학 시간이 기다려졌다. 앞으로도 미션활동을 하면서 수학을 더 잘하게 되면 좋겠다.

♬ 대부분 아이들은 수학 학원을 다니거나 과외를 한다. 그래서 수학책을 금방 풀기만 하고 딴 짓을 하거나 책을 보지 않는다. 하지만 미션지를 받으면 '일차방정식의 뜻, 해법, 이항' 등 수학용어를 더 자세히 알 수 있고 교과서를 더 자세히 볼 수 있어서 효과적이다. 그리고 미션을 하면서 모르는 것을 짝꿍이 알려주고 도와주어서 친구와 사이가 좋아졌다.

- 미션을 성공해서 도장을 받기 위해 더 열심히 할 수 있었어요.
- 미션이 없다면 안하는 아이들이 있었을 텐데, 미션을 하고 도장으로 보상을 받기 위해 모두 참여할 수 있었어요.
- 매일 새로운 미션을 통해 수업이 즐거워요!

우리 함께 미션지 만들어 봐요

<table>
<tr><td>
1. 교과서 페이지 안내

2. 수학 핵심개념 제시

3. 관련 동영상소개 및 질문

4. 수학적 오류 관련 질문

5. 수학내용 관련 문제제시

6. 교과서 읽고 밑줄 긋기, 예제, 문제 해결하기

7. 과제제시 및 차시예고 (수행평가, 공지사항 등)

8. 용어정리

9. 심화미션(선택사항)

10. 주의사항(모둠과 협력)
</td><td>
Mission 1 (pp. 12 ~13)
– 소수와 합성수 –

1. EBSmath 영상을 보고, 다음 물음에 답하시오.
① 영상 제목:
② 소수의 정의:
③ 소수 10개 적기:
④ 소수의 곱으로 나타내기:
35= 135=
⑤ 소수를 체를 거르는 방식으로 알아본 고대수학자 이름:

2. 교과서에서 한자를 찾아 적으시오.
① 소수( ): 2, 3, 5, 7, ……
② 소수( ): 0.1, 0.2, 0.3, ……

3. 다음 자연수를 세 개의 그룹으로 나누고, 그 기준을 적으시오.
[1, 2, 3, 4, 5, 6, 7, 8, 9, 10]

4. 교과서를 12~13쪽 읽고, 예제 1~3, 문제1~4를 해결하시오.
5. (과제) 수학공책에 ‘에라토스테네스의 체’를 이용하여 1~100까지 자연수를 적고, 소수를 찾아보시오.

※ 미션을 모둠과 함께 모두 해결한 사람만 미션도장 받기!
<table>
<tr><td>용어 정리</td><td>소수: 합성수:</td></tr>
<tr><td>심화 미션</td><td>1. ‘1’은 소수일까? 합성수일까?
2. 인터넷 검색을 통해 현재까지 알려진 가장 큰 소수를 찾아오기</td></tr>
</table>
</td></tr>
</table>

평상시 기본적으로 활용하는 미션지 형식으로 수업형태에 맞게 변경·수정하여 사용바랍니다.

Tip 미션수행 도장판 만들기

1	2	3	4	5
6	7	8	…	…

한 학기 수학교과 4단위(68시간)인 경우, 2회(중간고사 전, 후)로 나누어 포트폴리오Ⅰ, 포트폴리오Ⅱ 수행평가를 실시하였습니다. 도장 개수에 따라 차등적으로 수행평가에 반영합니다.

미션수업, 이렇게 해요(실제 수업에의 적용)

단원명: 중학교 2학년 Ⅲ. 방정식과 부등식 연립방정식의 의미와 해법

1. 수업을 시작하면서(준비)

연립일차방정식을 해결하는 방법을 아이들이 직접 발견해보고 다양한 문제를 풀이할 수 있도록 미션을 제시한다. 문제의 형태에 따라 유용한 풀이법이 무엇인지 그 이유를 알 수 있도록 구성한다.

교육과정 내용	성취기준
미지수가 2개인 연립일차방정식과 그 해의 의미를 이해하고, 이를 풀 수 있다.	수 92042. 미지수가 2개인 연립일차방정식과 그 해의 의미를 이해하고, 이를 풀 수 있다.

〈학습목표〉

① 미션과제로 제시된 연립일차방정식을 다양한 해법으로 해결할 수 있다.

② 문제 상황을 연립일차방정식으로 나타내고 적절한 해법을 활용하여 해를 구할 수 있다.

③ 생활 속에 연립방정식과 관련된 예를 EBS영상을 통해 알아보고 수학의 유용함을 느끼고 수학에 대한 긍정적인 태도를 기른다.

④ 문제를 스스로 해결하는 경험을 통해 자기 주도적 문제해결 능력을 키운다.

⑤ 친구들의 해법을 경청하여 이해하고 한 문제를 해결하는 방법이 다양함을 깨닫고 효율적인 방법이 무엇인지 친구들 간의 의견을 나눈다.

2. 수업의 실천내용

1) 교육과정 분석

- EBSmath '노벨의학상과 연립방정식' 영상을 보고 연립방정식과 관련하여 알게 된 점을 미션지에 적어본 후, 우리 주변에서 연립방정식을 활용한 예들을 찾아본다.
- 연립일차방정식의 의미를 알고 연립방정식의 해법 3가지(경우의 수, 대입법, 가감법)를 각각 문제에서 어떤 풀이가 더 효율적인지 모둠과 생각해보고 미션지에 정리해본다.

2) 수업설계

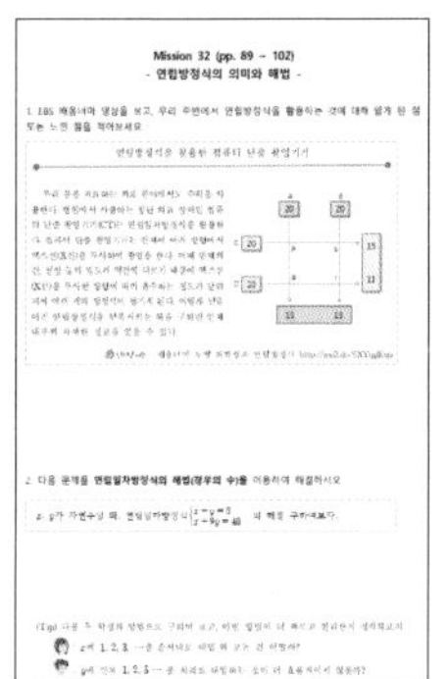

Mission 32 (pp. 89 ~ 102)
- 연립방정식의 의미와 해법 -

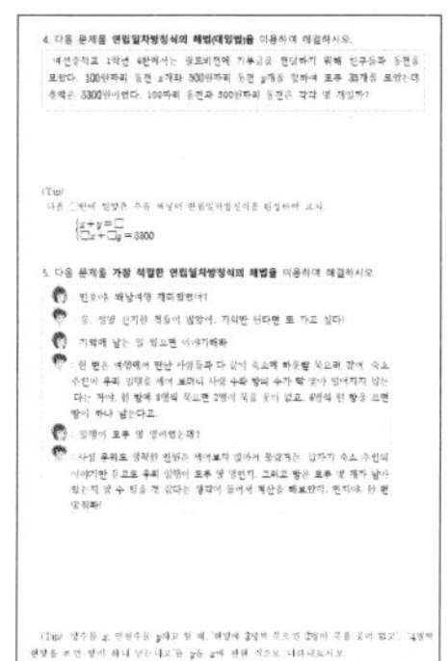

(수업활동 전반전- 아이들 스스로 자기주도적 학습 25분) 미션 스스로 해결하기

EBSmath 영상보고 알게 된 점 적기		1단계 '경우의 수'로 연립방정식 해결하기		2단계 '가감법'으로 연립방정식 해결하기		3단계 '대입법'으로 연립방정식 해결하기
'노벨의학상과 연립방정식'영상을 보고 연립방정식과 관련하여 알게 된 점을 미션지에 적는다.	→	교과서 연립일차방정식 문제 상황을 '경우의 수'를 활용하여 해결해 본다.	→	만화로 제시된 연립일차방정식 문제 상황을 '가감법'을 활용하여 해결해본다.	→	유니세프 동전모금 연립일차방정식 문제 상황을 '대입법'을 활용하여 해결해 본다.

(수업활동 후반전- 아이들이 해결하고 교사가 돕는 교수·학습활동 20분) 미션 확인하기

	1, 2, 3단계 '경우의 수, 가감법, 대입법'으로 연립방정식 확인하기		4단계 상황별 연립방정식 해법 찾기		5단계 미션수행 확인하기
→	미션지에 소개된 문제 상황을 연립일차방정식의 해법(경우의 수, 가감법, 대입법)으로 해결하였는지 확인한다.	→	3가지 문제 상황에서 유용한 해법 '왜 그런 풀이를 하였는지?' 각자의 생각을 정리하여 발표한다.	→	오늘의 미션(모둠과 모두 성공)을 확인하고 수행도장을 지급한다.

3. 수업장면 및 실천결과물

1) 수업장면

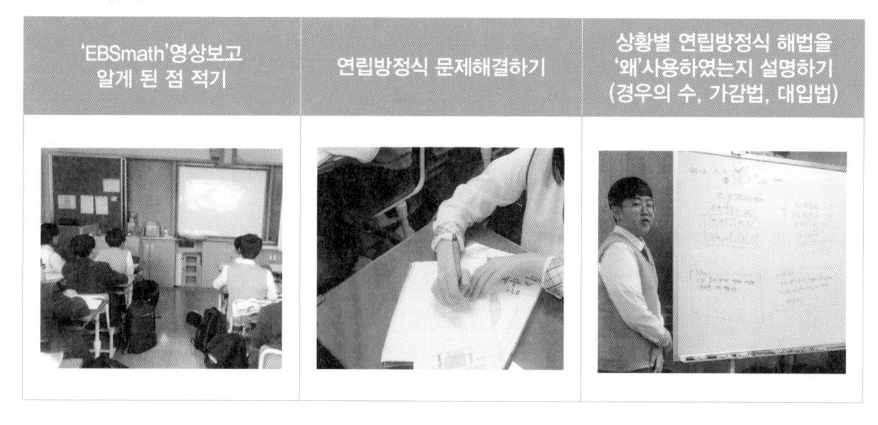

'EBSmath'영상보고 알게 된 점 적기
연립방정식 문제해결하기
상황별 연립방정식 해법을 '왜'사용하였는지 설명하기 (경우의 수, 가감법, 대입법)

2) 실천결과물

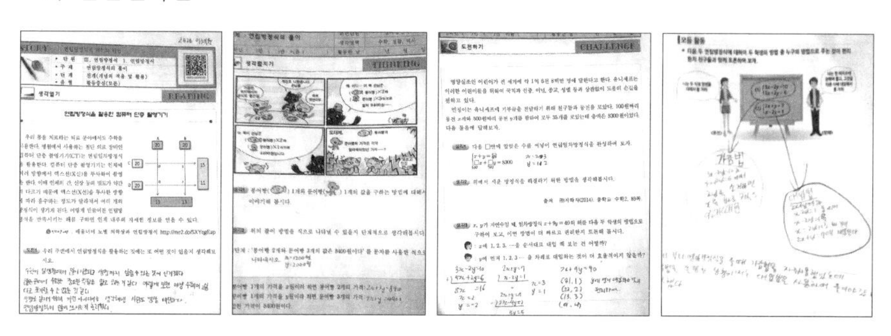

4. 평가 및 기록

평가	기록	
미지수가 2개인 연립일차방정식과 그 해의 의미를 이해하고, 이를 풀 수 있는가?	상	노벨의학상과 연립방정식 활동을 통해 미지수가 2개인 연립일차방정식과 그 해의 의미를 이해하고, 상황에 따라 연립일차방정식을 다양한 방법으로 풀 수 있다.
	중	노벨의학상과 연립방정식 활동을 통해 미지수가 2개인 연립일차방정식과 그 해의 의미를 이해하고, 연립일차방정식을 풀 수 있다.
	하	미지수가 2개인 연립일차방정식에 주어진 순서쌍을 대입하여 해를 찾을 수 있다.

5. 수업일기(2018. 4. 13. 금요일)

Ⅲ. 방정식과 부등식 대단원을 들어가면서 연립일차방정식의 의미와 해법을 간단히 소개하고 'EBSmath-노벨의학상과 연립방정식' 영상을 시청하였다. 아이들은 중학교 2학년 연립일차방정식 수준의 수학적 개념이 병을 검사하는 CT의 개발로 이어졌다는 것에 무척 놀라고 감동을 받았다.

생활의 상황을 문제로 설정하여 경우의 수, 대입법, 가감법을 활용해 해결하도록 하였는데 처음에는 많은 아이들은 가감법이 제일 편하다고 우기는 분위기였다. 시간이 지나면서 상황별로 적절하게 사용하는 것이 더 낫겠다는 반응으로 바뀌었다.

오늘 수업에서 평소 수업시간엔 말을 잘 하지 않는 가영이가 칠판에 나와서 가감법 문제를 해결하게 되었다.

$3x-2y=10$, $5x-2y=4$ 문제에서 y를 소거하지 않고, 미지수 x를 소거하여 해결하자 많은 아이들이 한목소리로 미지수 y를 소거하면 편리한 이유를 설명하면서 분위기가 열공 모드로 변하게 되었다. 교사가 일방적으로 내용을 수정하거나 지시하지 않아도 어느덧 아이들끼리 오류를 발견하거나 더 나은 방법을 찾아가는 모습이 수업의 변화로 찾아와서 절로 웃음이 나오는 하루였다.

♬ 내 마음의 풍금(5가지 물음)

1. 나의 수업에서 수업의 주인공은 누구인가요?

2. 수업에서 아이의 자기주도적 학습은 필요한 것일까요?

3. 수업이 흔들릴 때, 신념은 어떻게 회복하는지요?

4. 아이의 문제 풀이 실수, 반가우신가요? 언짢으신가요?

5. 수업 속에서 교사와 아이간의 존중의 관계가 유지되는지요?

관련도서

- 아이들을 살리는 수학수업(문태선 지음) 수학사랑
- 가르칠 수 있는 용기(파커J 파머 지음) 한문화
- 지금 가르치는 게 수학 맞습니까?(최수일 지음)
- 중학교 1, 2, 3학년 수학 스토리텔링 지도자료(전라남도교육연구정보원)

2. (자유학기제)
주제선택 수업 함께해요

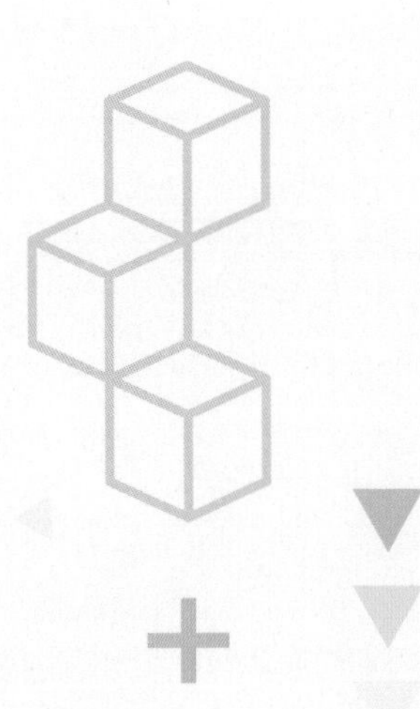

2016년 대한민국 중학교 1학년에 전면적인 자유학기제[2] 교육과정이 시작되었습니다.

2016~2017년 학교업무로 자유학기제 주무를 맡으면서 여러 연수에서 자유학기제의 취지와 방향, 시스템, 프로그램 등을 귀동냥을 하여 듣고 학교의 교육과정을 세우고, 수업에 적용해 보면서 많은 것을 경험하고 배웠기에 저는 자유학기제를 좋아하고 바람직한 제도라고 옹호하는 입장입니다. 늘 새로운 것을 찾아서 도전하는 것을 좋아하는 저로서는 2016~2017년은 자유학기제와 함께한 해였다고 감히 말씀드릴 수 있고 그 덕분에 지금의 저로 성장할 수 있는 계기가 되었다고도 생각합니다.

자유학기제? '시험을 안 보고 노는 학기(학년)?' 처음 시작은 교사와 아이, 학부모 모두 시험을 안 본다는 해방감에서 출발하였지만, 수학 주제선택 수업은 수학을 실생활과 관련하여 해석하고 표현해야 한다는 부담감이 있는 수업이었습니다. 자유학기제 수업은 아이들에게는 시험에서 해방되었다는 안도감이 가장 큰 즐거움이겠지만 교사에게는 교과의 재구성 및 실생활을 활용하여 형식에서 벗어나 도화지에 자유롭게 드로잉하듯 수업을 설계하는 백지와 같았습니다. 취지에 따르면 교사의 의도대로 내실 있고 의미 있고 깊이 있게 수업을 계획하고 준비하여 모둠별(짝별 또는 개인별)로 손으로 만져보고 움직이는 활동수업을 통해 아이들은 머릿속으로 생각하고 입으로 말하고 발표하면서 참여하는 수업입니다.

그래서 저는 해마다 '세상 속에 숨어있는 수학을 찾아 떠나는 행복한 여행'이라는 주제로 주제선택 수학수업을 합니다. 아침에 눈을 뜨면 제일 먼저 보이는 동그란 시계 속에서 하루 온종일 앉아서 공부하는 네모난 책상과 의자에서 길쭉한 연

2) 자유학기제는 중학교 교육과정 중 한 학기(학년)동안 아이들이 중간·기말고사 등 시험부담에서 벗어나 꿈과 끼를 찾을 수 있도록 수업 운영을 토론, 실습 등 학생 참여형으로 개선하고 진로탐색활동 등 다양한 체험활동이 가능하도록 교육과정을 유연하게 운영하는 제도

필과 세모난 지우개에서 쉬는 시간에 먹는 맛있는 비스킷 상자를 보면서 생활 속의 수학을 찾고 수학을 생각하는 수업을 꿈꾸었습니다.

요즘은 교육부 자유학기제 인터넷 홈페이지(꿈끼: 꿈을 키우고 끼를 찾는 자유학기제 http://www.ggoomggi.go.kr/)가 있어서 어렵지 않게 자료를 구할 수 있지만 초창기에는 어떻게 해야 할지 막막했던 기억이 있습니다. 지금까지 제가 주제선택수업에서 활용한 어쩌면 선생님들께서는 이미 알고 있을법한 자료들일 수도 있지만 아이들과 나누었던 신나는 수업들을 주제(영화, 그림, 게임)별로 제시하니 참고하시고 부담없이 활용바랍니다.

주제선택 수학수업 첫 시간

자유학기제 첫 수업은 아이들과 앞으로 진행하기 될 활동계획을 전달하고 수학에 대해 편하게 이야기 나누어 보는 시간입니다. 가능하다면 동그랗게 서클[3]로 앉아서 토킹스틱을 이용해 모든 아이들이 돌아가며 1~2분 내외로 이야기를 나눈다면 그 마음이 잘 전달됩니다.

〈질문〉

"주제선택 수학수업을 선택한 이유가 뭐니?"

"이번 수업에서 무엇을 얻어가고 싶니?"

"수학하면 무엇이 떠오르니?"

3) 서클이란? 자기 자신과 타인을 '환대'함으로써 참여자들이 모두 연결되도록 돕는 구조화된 소통과정 (서클로 나아가기, 회복적생활교육센터)

"수학은 무엇을 배우는 학문일까?"

"우리는 수학을 왜 배울까?"

"수학을 잘 하고 싶니? 그 이유는?"

아이들과 속마음을 진솔하게 나누다보면, 각자의 고민과 생각을 알 수 있어서 더욱 친근해지는 느낌을 받습니다. 교사가 수업의 의도(수학을 통해 세상을 바라보고, 일상에서 수학을 찾아보자)를 전하고, 아이들과 자신이 생각하는 수학을 공책의 첫 표지에 장식하는 활동을 합니다.

- **활동방법**

1. 써클(수학 질문)로 아이들과 소통하고 공감합니다.
2. 수학공책의 첫 표지 만들기를 합니다.
3. (나눔) 친구들에게 수학표지를 설명하고 각자의 생각을 나눕니다.

- **활동결과물**

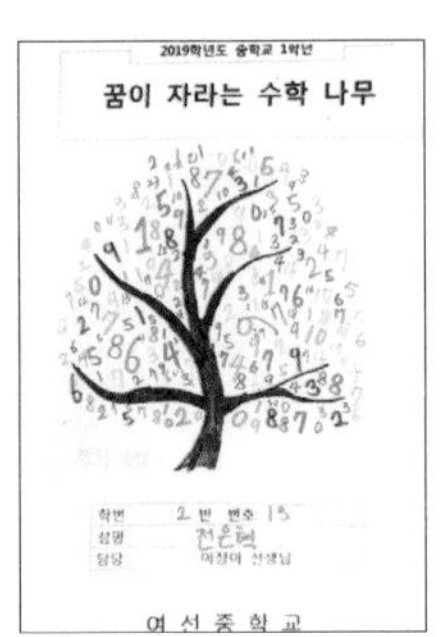

노래로 만나는 수학
-만약 지구에 100명이 산다면(마이클잭슨의 Heal The World!)

통계는 기상, 인구, 청소년, 사회현상 등 다양한 분야에서 자료를 수집, 정리, 해석하여 한 눈에 알아보기 쉽게 나타내는 중요한 수단입니다. 요즘 같이 정보가 넘쳐나는 시대에 통계의 쓰임새는 더 중요하고 다방면에서 활용되고 있음을 확인할 수 있습니다. 아이들이 통계단원을 배우면서 교과서에 한정된 예시와 문제들은 관심을 이끌기에 부족하고 정형화된 문장들로 무척 어려워합니다.

책『지구가 100명의 마을이라면』에서 보면 지구 전체 인구를 100명이 사는 조그만 마을이라고 가정하고 모든 데이터를 상대도수 100% 비율로 나타내어 사회현상을 설명하고 있습니다. 인종, 성별, 종교 등에 따라 전 세계 61억 명의 인구를 100명으로 나타낸 자료를 마이클잭슨의 노래(Heal The World)와 함께 소개한 유튜브 영상이 있습니다. 영상을 통해 다문화, 다인종에 대해 관심을 갖고 현재의 자신의 소중함을 알게 하는 시간을 가져보시기 바랍니다.

- **교과 적용 단원:** Ⅳ. 통계 1-04 상대도수와 그 그래프
- **준비물:** [Youtube 영상]'만약 지구에 100명이 산다면', 활동지, 색연필, 사인펜

• **활동방법**

1. '지구가 100명의 마을이라면'책을 소개하고 영상을 시청합니다.

(https://youtu.be/OGSdTFVs4_M)
EBS에서 제작한 애니메이션으로 책을 만화로 제작한 자료입니다.(우리말 버전)

(https://youtu.be/OGSdTFVs4_M)
마이클잭슨의 노래와 함께 지구에 사는 사람들 간의 나눔과 배려를 실천하고 나의 존엄성을 이야기하는 감동적인 영상입니다.

2. 활동지에 영상을 보고 빈칸을 채우도록 합니다(아이들이 원할 경우 2번 시청).
3. 영상을 보고 알게 된 점 또는 느낀 점을 비주얼 씽킹으로 나타냅니다.
4. (나눔) 친구들과 오늘의 수업관련 자신의 생각을 나눕니다.

• **활동지**

도서출판: [푸른숲 주니어]

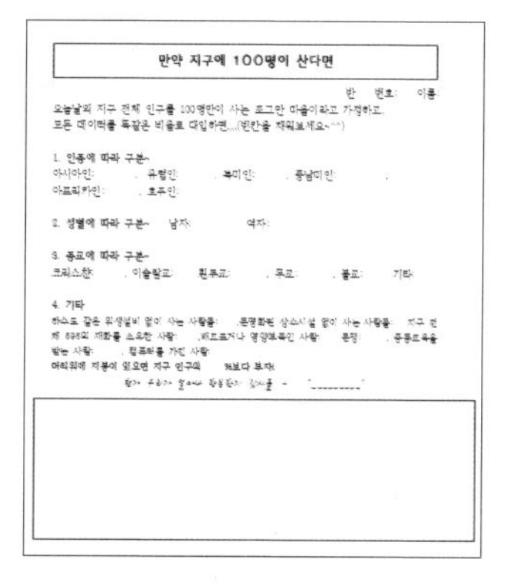

만약 지구에 100명이 산다면

반 번호: 이름:

오늘날의 지구 전체 인구를 100명만이 사는 조그만 마을이라고 가정하고,
모든 데이터를 똑같은 비율로 대입하면....(빈칸을 채워보세요~^^)

1. 인종에 따라 구분-
아시아인: , 유럽인: , 북미인: , 중남미인: ,
아프리카인: , 호주인:

2. 성별에 따라 구분- 남자: 여자:

3. 종교에 따라 구분-
크리스찬: , 이슬람교: 힌두교: , 무교: , 불교: 기타:

4. 기타
하수도 같은 위생설비 없이 사는 사람들: , 문명화된 상수시설 없이 사는 사람들: 지구 전체 83%의 재화를 소유한 사람: , 비포표지나 영양부족인 사람: 문맹: , 중등교육을 받는 사람: , 컴퓨터를 가진 사람:
머리위에 지붕이 있으면 지구 인구의 %보다 부자!

• **활동 결과물**

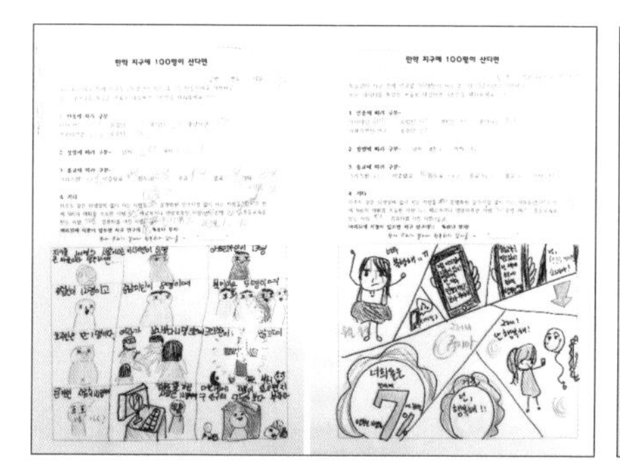

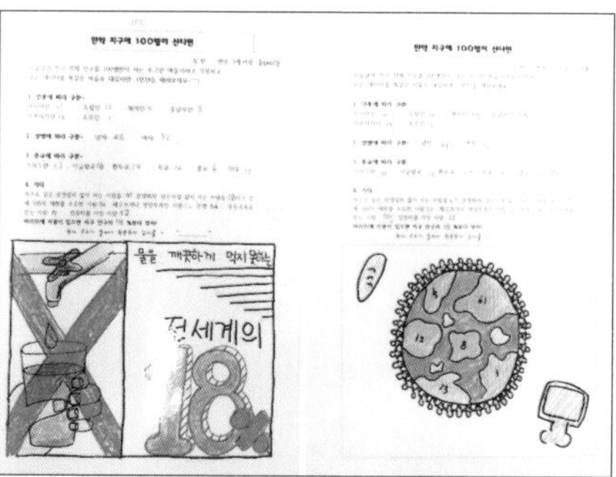

• (보너스) 네모의 꿈

▷ 교과 적용 단원:
VI. 평면도형 1-01 다각형
▷준비물: [Youtube 영상]네모의 꿈

VI. 평면도형 도입부분에 '네모의 꿈'노래를 듣고 배워 보는 시간을 가져보는 것도 좋을 것 같습니다. '♬네모난 침대에서 일어나 눈을 떠보면, 네모난 창문으로 보이는 똑같은 세상'가사로 시작된 이 노래는 '세상은 둥글게 살아야해'라고 말하고 있습니다. 실생활에서 볼 수 있는 평면도형을 통해 다각형을 소개하고 다각형 성질을 이야기할 때 적절한 동기유발 자료입니다.

퀴즈: 노래에서 '네모'는 몇 번 나올까요?

네모의 꿈

조규찬 | 유영석 20주년 기념 앨범

네모난 침대에서 일어나 눈을 떠보면
네모난 창문으로 보이는 똑같은 풍경
네모난 문을 열고 네모난 테이블에 앉아
네모난 조간신문 본 뒤
네모난 책가방에 네모난 책들을 넣고
네모난 버스를 타고 네모난 건물지나
네모난 학교에 들어서면
또 네모난 교실 네모난 칠판과 책상들
네모난 오디오 네모난 컴퓨터 TV
네모난 달력에 그려진 똑같은 하루를
의식도 못한 채로 그냥 숨만 쉬고 있는 걸
주위를 둘러 보면 모두 네모난 것들 뿐인데
우린 언제나 듣지 잘난 어른의 멋진 이 말
`세상은 둥글게 살아야해`
지구본을 보면 우리 사는 지군 둥근데
부속품들은 왜 다 온통 네모난 건지 몰라
어쩌면 그건 네모의 꿈일지 몰라

영화로 보는 수학(1)– 플랫랜드

성경 다음으로 많이 읽힌 책 유클리드 『원론』을 아십니까? 『원론』은 기하학의 아버지 유클리드가 기원전 300년경 집필한 것으로 23개의 정의와 5개의 공리, 5개 공준을 논리적이고 엄밀하게 증명한 13권의 책입니다. 수학에서 '정의'는 매우 중요하며 출발점이라고 볼 수 있습니다.

평면도형과 입체도형 단원을 배우기에 앞서서 영화 '플랫랜드'를 보고 점 선 면의 정의를 아이들 스스로 정의해 보는 시간을 가져봅니다. '플랫랜드'는 평면나라의 평범한 사각형 '아서 스퀘어'가 손녀 '헥스'의 말을 듣고 차례대로 0차원의 세계에서 점을, 1차원의 세계에서 선을, 스페라우스를 통해 3차원의 세계에서 공간의 의미, 높이를 이해하는 내용입니다. 상영시간 35분으로 부담 없이 볼 수 있는 영화로 감상 후에 점 선 면에 대한 아이들의 생각을 알아볼 수 있습니다.

- **교과 적용 단원:** V. 평면도형과 입체도형
- **준비물:** [영화]'FLAT LAND', 활동지, 색연필, 사인펜
- **활동방법**

  1. 영화 'FLAT LAND'를 소개하고 영화를 봅니다.
  2. 활동지에 영화제목, 점 선 면 다각형 구 등 자신이 생각하는 답을 적도록 합니다.
  3. (나눔) 친구들과 '점, 선, 면' 용어를 정의해보고 각자 생각을 나눕니다.

- **영화포스터**

- **활동지**

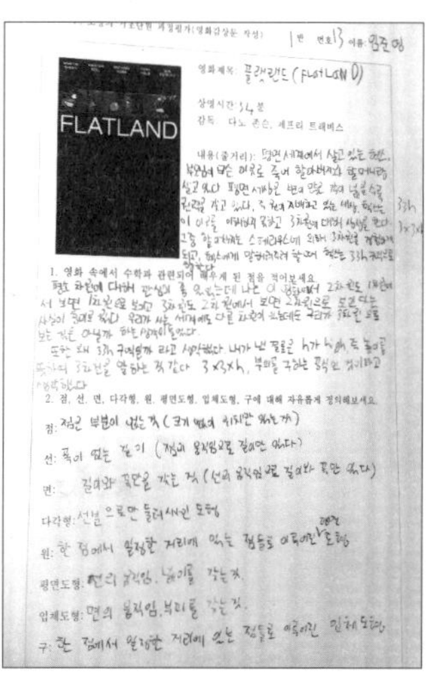

1반 번호13 이름: 임준영

영화제목: 플랫랜드 (FlatLAND)

상영시간: 34분

감독: 다노 존슨, 제프리 트래비스

내용(줄거리):

1. 영화 속에서 수학과 관련되어 배우게 된 점을 적어보세요.

2. 점, 선, 면, 다각형, 원, 평면도형, 입체도형, 구에 대해 자유롭게 정의해보세요.

점: 작은 부분이 없는 것 (크기 없이 위치만 있는 것)

선: 폭이 없는 길이 (점의 움직임으로 길이만 있다)

면: 길이와 폭만을 갖는 것 (선의 움직임으로 길이와 폭만 있다)

다각형: 선분으로만 둘러싸인 도형

원: 한 점에서 일정한 거리에 있는 점들로 이루어진 도형

평면도형: 선의 움직임, 넓이를 갖는 것.

입체도형: 면의 움직임, 부피를 갖는 것.

구: 한 점에서 일정한 거리에 있는 점들로 이루어진 입체도형

- **활동소감('플랫랜드' 영화감상문 중)**

평소 차원에 대해 관심이 있었는데 나는 이 영화에서 2차원도 1차원에서 보면 1차원으로 보이고 3차원도 2차원에서 보면 2차원으로 보인다는 사실이 흥미로웠다. 우리가 사는 세계에도 다른 차원이 있는데도 우리가 3차원으로 보는 것은 아닐까 하는 생각이 들었다. 또한 '왜 33h 구일일까'라고 생각했다. 내가 낸 결론은 h가 high 즉, 높이를 뜻하여 3차원을 말하는 것 같다. 부피를 구하는 공식인 것이라고 생각했다. (임준*)

영화로 보는 수학(2)– 박사가 사랑한 수식

'박사가 사랑한 수식'은 교통사고 후유증으로 2시간 밖에 기억을 할 수 없는 단기기억 상실증에 걸린 수학 박사와 가정부, 가정부의 아들의 소소한 일상을 보여주는 영화로 수학을 사랑한 사람들의 인생을 느낄 수 있는 영화입니다.

주인공 박사의 겉옷 여기저기에 붙이고 있는 메모와 박사가 가정부의 아들에게 수학을 자상하게 이야기 해주는 장면은 박사가 수학을 학문이상의 자신의 일부로 소중하게 여기는 인간애를 느낄 수가 있습니다.

Tip 책으로 먼저 읽고 아이들과 영화를 본다면 좀 더 진지하고 깊이 있게 영화를 즐기는 수 있을 것입니다.

- **교과 적용 단원:** 중학교 3학년 Ⅰ. 무리수와 제곱근
- **준비물:** [영화]'박사가 사랑한 수식', 활동지, 색연필, 사인펜
- **활동방법**

1. 영화 '박사가 사랑한 수식'를 소개하고 영화를 봅니다.
2. 활동지에 영화제목, 줄거리, 감동적인 부분, 영화 속에 수학 관련 부분, "내가 박사라면……" 등 자신이 생각하는 답을 적도록 합니다.
3. (나눔) 친구들과 영화관련 자신의 생각을 나눕니다.

• **영화포스터** • **활동지**

• **활동소감('박사가 사랑한 수식' 영화감상문 중)**

'친애수'는 두 수의 약수의 합이 서로의 수인 정말 신기한 수이다. 역대 수학자들도 한 개씩 밖에 못 찾은 정말 힘들고 어려운 수이다. 그리고 '계승의 수'라는 것도 알게 되었는데, 4의 계승의 수는 24, 3의 계승의 수는 6, 5의 계승의 수는 120이다. 이 영화를 보고 교과서에서 보지 못한 여러 가지 수학관련 사실을 알게 되었다. (주보*)

박사의 자켓에 붙어있는 메모와 멈추어버린 시간 속에서 살아가는 박사의 인생이 너무 슬프고 감동이었다. 가정부와 아들 루트에게 무리수와 오일러의 정리($e^{\pi i}+1=0$)를 설명하는 장면은 두고두고 잊지 못할 것 같다. (서이*)

(보너스) 아이들과 함께 보면 좋을 영화 BEST 5

	**영화제목: 이미테이션 게임(2014)** 상영시간:114분, 연령제한:15세이상 관람가 (감독) 모튼 틸덤 (주연) 베네딕트 컴버배치, 키이라 나이틀리, 매튜 구드 매 순간 3명이 죽는 사상 최악의 위기에 처한 제 2차 세계대전에서 절대 해독이 불가능한 암호 '에니그마'로 인해 연합군은 속수무책으로 당하게 된다. 결국 각 분야의 수재들을 모아 기밀 프로젝트 암호 해독팀을 가동하는데, 천재 수학자 앨런 튜링은 암호 해독을 위한 특별한 기계를 발명하지만 24시간 마다 바뀌는 완벽한 암호 체계 때문에 번번히 좌절하고 마는데…….
	**영화제목: 무한대를 본 남자 (2015)** 상영시간:108분, 연령제한:12세이상 관람가 (감독) 맷 브라운 (주연) 데브 파텔, 제레미 아이언스 머릿속에 그려지는 수많은 공식들을 세상 밖으로 펼치고 싶었던 인도 빈민가의 수학 천재 라마누잔은 그의 천재성을 알아본 영국 왕립학회의 수학자 하디 교수에 의해 케임브리지 대학으로 간다. 수학에 대한 뜨거운 열정으로 함께한 두 사람은 모두가 불가능이라 공식을 증명하기 위해 무한대로의 여정을 떠나게 되는데…….
	**영화제목: 뷰티플 마인드(2001)** 상영시간:135분, 연령제한:12세 관람가 (감독) 론 하워드 (주연) 러셀 크로우(존 내쉬), 에드 해리스(파처) 1940년대 최고의 엘리트들이 모이는 프린스턴 대학원에 시험도 보지 않고 장학생으로 입학한 너무도 내성적이라 무뚝뚝해 보이고, 오만이라 할 정도로 자기 확신에 차 있는 수학과 새내기 존 내쉬. 이후 MIT 교수로 승승장구하던 그는 정부 비밀요원 윌리암 파처를 만나 냉전시대 최고의 엘리트들이 그러하듯 소련의 암호 해독 프로젝트에 비밀리에 투입되는데…….
	**영화제목: 굿 윌 헌팅 (1997)** 상영시간:126분, 연령제한:15세이상 관람가 (감독) 구스 반 산트 (주연) 맷 데이먼, 로빈 윌리엄스, 벤 애플렉 "수학, 법학, 역사학 등 모든 분야에 재능이 있는 '윌'은 천재적인 두뇌를 가지고 있지만 어린 시절 받은 상처로 인해 세상에 마음을 열지 못하는 불우한 반항아이다. 윌의 재능을 알아본 MIT 수학과 램보 교수는 대학 동기인 심리학 교수 숀에게 그를 부탁하게 되고 거칠기만 하던 윌은 숀과 함께 시간을 보낼수록 상처를 위로 받으며 조금씩 변화하기 시작하는데…….

영화제목: 네이든 (2014) X + Y

상영시간:111분, 연령제한:12세이상 관람가
(감독) 모건 매튜스 (주연) 에이사 버터필드, 샐리 호킨스, 라프 스폴

"네이든, 가끔은 사람들이 너를 이해하지 못할 수도 있어.
하지만 그건 네가 특별하기 때문이야."
수학에 천재적인 재능을 가진 네이든과 마음과 몸의 병을 앓고 있는 수학선생 험프리스가 영국대표로 국제수학올림피아드에 참가하게 되는데…….

Tip 연령 시청제한이 아이들과 맞지 않을 때: 보기 불편한 부분을 스킵(Skip)해서 보면 됩니다.[4]

시 속에 숨어있는 수학- 일차방정식

일차방정식을 배우고 후속학습으로 '시 속에 숨어있는 일차방정식'이라는 주제로 활동지에 미국의 유명한 시인 록펠러의 시와 인도의 수학자 바스카라가 쓴 수학책 『리라버티』, 디오판토스의 묘비를 소개하고 시 속의 일차방정식을 해결해 봅니다. 또한 아이들의 관심분야에 맞는 '나만의 시'를 일차방정식을 활용하여 만들어보고, 국어·미술교과와 연계된 시화로 창의적으로 표현해 봅니다.

- **교과 적용 단원:** Ⅱ. 문자와 식 1-02. 일차방정식
- **준비물:** 활동지, A4색지, 색연필, 사인펜
- **활동방법**

1. 활동지의 시속에 숨어있는 일차방정식(리라버티, 디오판토스 묘비, 록펠러 시)문제를 해결해봅니다.

4) Daum 영화줄거리 참조

2. 일차방정식과 관련된 '나만의 시'를 만들고, 색지에 시화로 꾸며봅니다.

3. (나눔) 친구들에게 '나만의 시'를 소개하고 생각을 나눕니다.

• 활동지

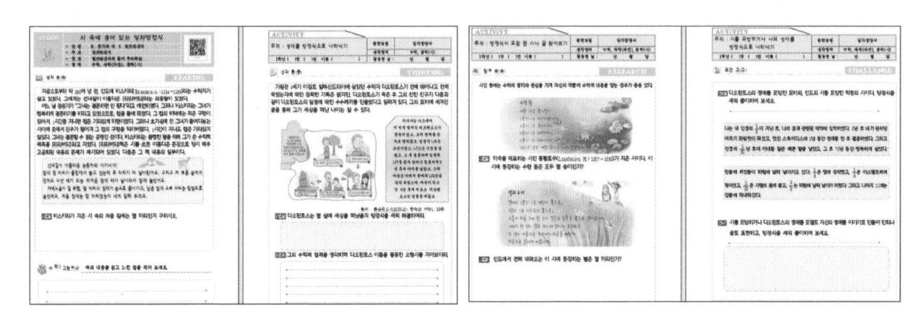

• 활동 결과물

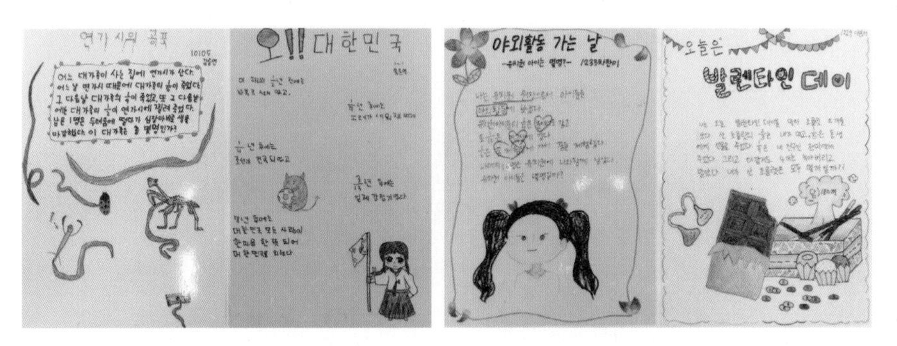

• 활동 소감

연가시의 공포: 어느 대가족이 사는 집에 연가시가 산다. 어느 날 연가시 때문에 대가족의 $\frac{1}{5}$이 죽었다. 그 다음날 대가족의 $\frac{1}{4}$이 죽었고, 또 그 다음날 에는 대가족의 $\frac{1}{2}$이 연가시에 찔려 죽었다. 남은 1명은 두려움에 떨다가 심장마비로 생을 마감했다. 이 대가족은 총 몇 명인가?(김승*)

지구를 위한 수학

'수학이 지구를 구할 수 있다? 없다?' 정답은…… 있다! 지구의 환경오염 문제에 관심을 가지고 극지방에서 녹아내리는 빙하를 연구한 미국의 수학자 케니스 골든(Kenneth M.Golden) 박사, 셰일가스를 채취하는 과정을 연구한 캐나다의 수학자 안소니 피어스(Anthony Pierce) 박사, 재생에너지를 이용한 태양열 수집기를 발명한 프랑스의 수학자 오거스테 무쇼(Auguste Mouchou) 박사의 예를 통해 지구를 위한 수학에 관련된 친구들의 생각을 공유하고, 자신들의 생각을 수학포스터로 표현하고 발표하는 활동입니다.

- **교과 적용 단원:** Ⅱ. 문자와 식 2-02. 일차방정식의 풀이와 활용
- **준비물:** 영상, A1 도화지, 색연필, 사인펜
- **활동방법**

1. EBSmath(지구를 위한 수학) 영상을 시청합니다.
2. 수학을 통해 지구를 살리는 영상을 보고, 각자 지구를 살리기 위한 방법을 모색해봅니다.
3. (토의·토론) 공유된 의견을 수학포스터로 만들어봅니다.
4. (나눔) 모둠별로 수학포스터를 발표하고 서로의 생각을 경청하고 공감합니다.

• **활동결과**

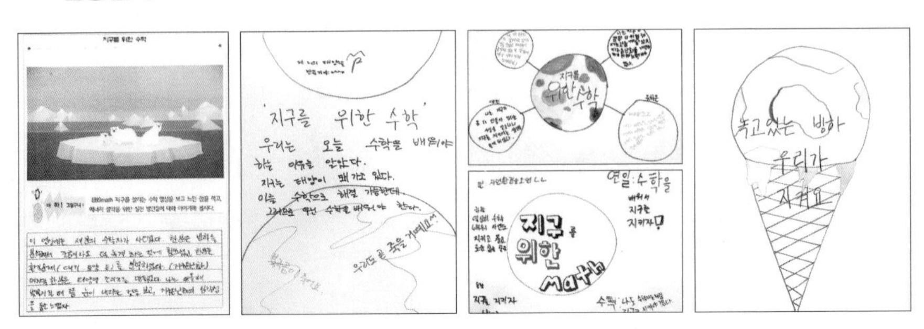

• **(아이) 활동소감**

지구 온난화, 환경오염, 에너지 문제를 수학으로 살릴 수 있다는 것이 신기했다. 특히 태양열 조리개가 수학의 포물선의 원리라는 게 놀라웠고 앞으로도 태양열 조리개처럼 지구를 살리는 발명품이 많이 나오면 좋겠다.

처음 영상이 시작될 때 북극곰이 물에 빠져서 죽고 쓰나미로 아파트가 물에 잠기는 것을 보면서 환경오염의 심각성을 알게 되었다. 세 분의 수학자가 수학으로 지구를 위한 노력을 한다는 것을 보고 정말 존경스럽고 감사하다.

• **(교사) 활동소감**

쉬는 시간 학교가 떠나갈 정도로 시끄럽고 무한반복 장난치고 떠들고 진지한 구석이라고는 1도 없던 아이들이 진지하게 참여하는 모습에 웃음이 나왔다. 지구온난화, 환경오염, 재생에너지를 연구하는 세분의 수학자를 통해 수학의 중요성을 공감하고 수학으로 실생활 문제를 해결할 수 있다는 것을 아이들 스스로가 알게 되어 보람 있는 수업이었다.

미니북으로 표현하는 수학

수학 수업시간에 배운 내용은 시간이 지나면서 머릿속에서 흐려집니다. 중간, 기말고사가 없는 자유학기제때 앞서서 배웠던 내용을 정리해보는 것은 시간을 내어서 해 볼 필요가 있는 것 같습니다. 교과서에 중단원 학습이 끝날 때마다 보기 좋게 정리된 개념정리를 '미니북'으로 만들어보면서 1학기, 2학기 배운 내용을 되새겨보고, 수학개념을 구조화할 수 있어서 좋은 활동입니다. 또한 미니북은 아이들이 직접 자신만의 꿈과 끼를 살려 만든 작은 책으로 의미 있는 결과물이 될 수 있습니다.

- **교과 적용 단원:** Ⅰ.수와 연산 ~ Ⅵ.통계
- **준비물:** A4용지, 색연필, 사인펜
- **활동방법**
  1. 수학수업시간에 배운 내용을 중단원 학습점검을 통해 살펴봅니다.
  2. A4용지를 접어 미니북을 만듭니다.
  3. 미니북에 개념정리를 옮겨 적고 배운 내용을 되새겨 봅니다.
  4. (나눔) 각자 만든 미니북을 친구들과 나누어 보고, 전시합니다.
- **활동결과물**

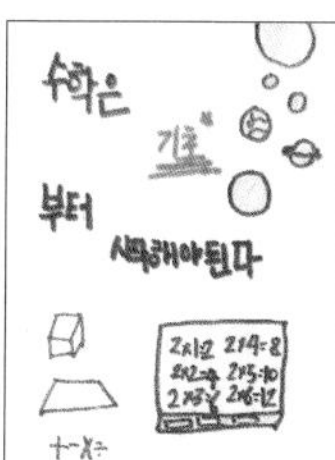

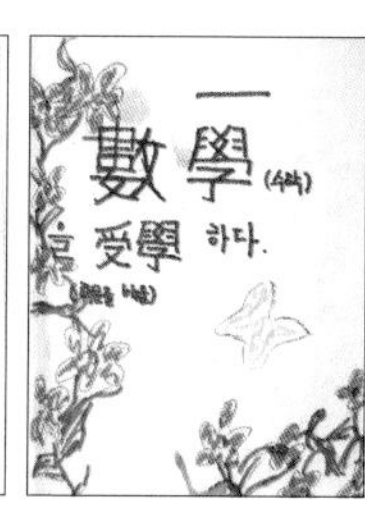

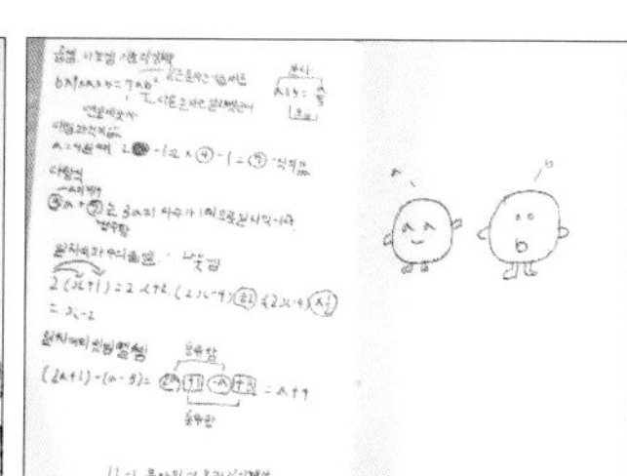

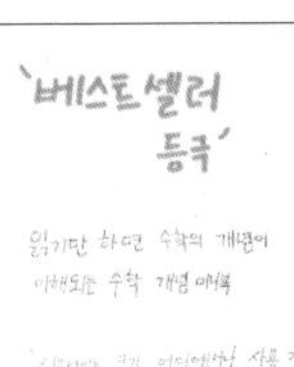

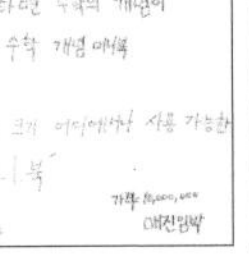
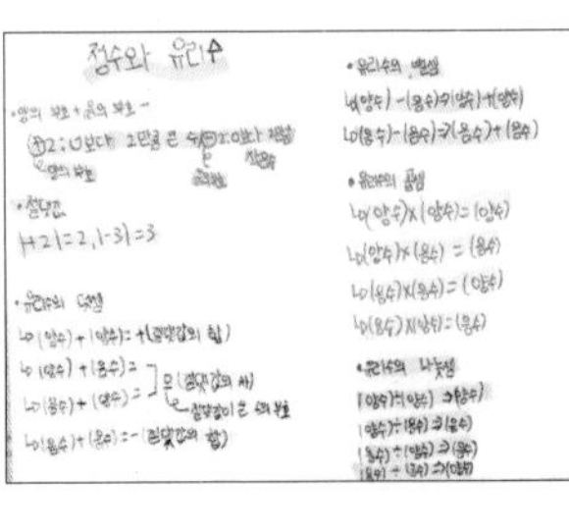

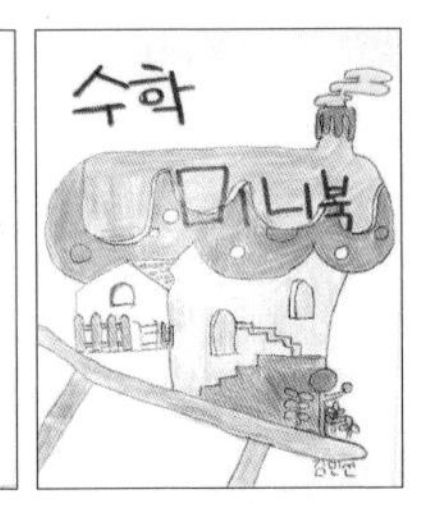

• (아이) 활동소감

미니북 만들기는 팔이 좀 아프고 꾸미는 게 어렵지만, 미니북은 세상에 하나밖에 없는 책이라서 특별하고 소중한 것 같다. 수와 연산, 문자와 식, 좌표평면과 그래프의 중단원 학습점검에 나온 개념정리를 적어보면서 공부했던 내용들이 새록새록 떠올라서 좋았다. 자유학기제라서 매일 놀기만 한 것 같아 좀 그랬는데, 이렇게 1학기 때 배운 내용을 정리하고 나니 기분이 좋아지고, 2학기 말에도 2학기 때 배운 내용으로 미니북 만들기를 한 번 더 하면 좋겠다.

수표로 배우는 수학 - 에라토스테네스의 체

아이들은 초등학생 때 수표를 이용해 약수와 배수를 익히고, 중학교 1학년 때 소수를 찾는 법을 배웁니다. 소수(素數)란? 약수가 1과 자신밖에 없는 수인데, 아직까지 어떤 수가 소수인지 아닌지 확인 할 방법이 없는 수수께끼 같은 수입니다. 고대 그리스 수학자 에라토스테네스는 소수를 쉽게 찾을 수 있는 '에라토스테네스의 체'를 생각해냈습니다. 마치 '체'에 숫자를 거르듯이 소수를 찾아내는 방법으로 요즘 아이들은 곡물이나 모래 등을 알갱이의 크기에 따라 나누는 '체'를 본 적이 없어서 수업에 직접 보여주는 것도 좋은 방법입니다. '에라토스테네스의 체'를 이용하여 소수 찾기를 할 때는 소수를 '소중한 친구 수'라고 특별대우를 해주고 한 개의 수도 놓치지 않고 모두 찾을 수 있도록 안내를 합니다.

- **교과 적용 단원:** Ⅰ. 수와 연산
- **준비물:** 체, 수표, 색연필, 사인펜
- **활동방법**

  1. 수표를 이용해 배수(2, 3의 배수)찾기를 하고, 규칙을 알아봅니다.
  2. '에라토스테네스의 체' 방법으로 소수를 찾아봅니다.
  3. (나눔) 생각 질문을 친구들과 서로 확인하고 의견을 나눕니다.

     생각 ① 1은 소수인가요?

     생각 ② 가장 작은 소수는?

     생각 ③ 가장 큰 소수는?

     생각 ④ 1~100까지 수중에서 소수 찾기를 할 때, 활용되는 가장 큰 배수는?

     생각 ⑤ 1~100까지 수중에서 소수는 몇 개인가요?

- **활동지**

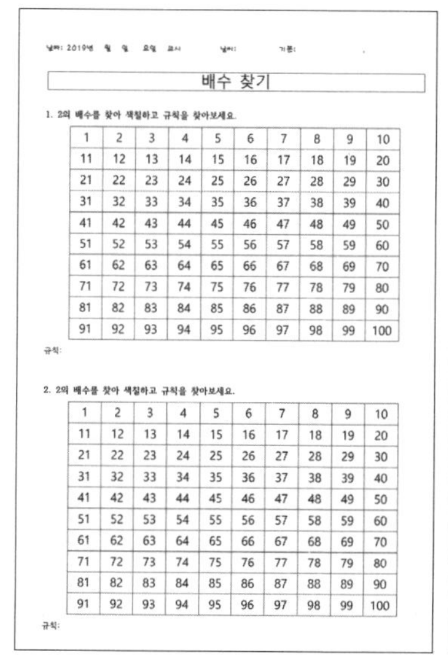

날짜: 2019년 월 일 요일 교시 날씨: 기분:

배수 찾기

1. 2의 배수를 찾아 색칠하고 규칙을 찾아보세요.

1	2	3	4	5	6	7	8	9	10
11	12	13	14	15	16	17	18	19	20
21	22	23	24	25	26	27	28	29	30
31	32	33	34	35	36	37	38	39	40
41	42	43	44	45	46	47	48	49	50
51	52	53	54	55	56	57	58	59	60
61	62	63	64	65	66	67	68	69	70
71	72	73	74	75	76	77	78	79	80
81	82	83	84	85	86	87	88	89	90
91	92	93	94	95	96	97	98	99	100

규칙:

2. 2의 배수를 찾아 색칠하고 규칙을 찾아보세요.

1	2	3	4	5	6	7	8	9	10
11	12	13	14	15	16	17	18	19	20
21	22	23	24	25	26	27	28	29	30
31	32	33	34	35	36	37	38	39	40
41	42	43	44	45	46	47	48	49	50
51	52	53	54	55	56	57	58	59	60
61	62	63	64	65	66	67	68	69	70
71	72	73	74	75	76	77	78	79	80
81	82	83	84	85	86	87	88	89	90
91	92	93	94	95	96	97	98	99	100

규칙:

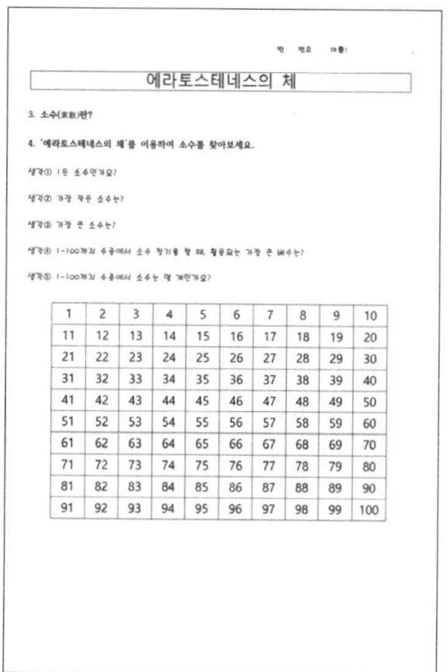

반 번호 이름:

에라토스테네스의 체

3. 소수(素數)란?

4. '에라토스테네스의 체'를 이용하여 소수를 찾아보세요.

생각① 1은 소수인가요?

생각② 가장 작은 소수는?

생각③ 가장 큰 소수는?

생각④ 1~100까지 수중에서 소수 찾기를 할 때, 활용되는 가장 큰 배수는?

생각⑤ 1~100까지 수중에서 소수는 몇 개인가요?

1	2	3	4	5	6	7	8	9	10
11	12	13	14	15	16	17	18	19	20
21	22	23	24	25	26	27	28	29	30
31	32	33	34	35	36	37	38	39	40
41	42	43	44	45	46	47	48	49	50
51	52	53	54	55	56	57	58	59	60
61	62	63	64	65	66	67	68	69	70
71	72	73	74	75	76	77	78	79	80
81	82	83	84	85	86	87	88	89	90
91	92	93	94	95	96	97	98	99	100

게임으로 즐기는 수학- 오목놀이(순서쌍과 좌표)[5)]

2015 개정 교육과정에서는 중학교 1학년 수학에서 함수라는 용어가 사라지고 두 양사이의 관계를 그래프로 나타내는 활동을 강조하고 있습니다. 다양한 변화 현상 속에서 수학적 관계를 시각적이고 간결하게 표현하는 것은 자료를 한눈에 살필 수 있어서 편리하고 현대사회에 필요한 역량입니다. 평소 아이들이 헷갈려 하기 쉬운 순서쌍을 오목판 위에 좌표로 나타내고 오목 게임을 하면서 수학은 어려운 것이 아닌 재미있는 놀이라는 인식을 갖게 하는 수업입니다. 또한 순서쌍과 모눈종이에 표시된 좌표의 위치가 다른 오류는 아이들이 무엇을 잘못 알고 있는지를 파악할 수 있어서 좋습니다.

- **교과 적용 단원:** Ⅲ. 좌표평면과 그래프 1-01. 순서쌍과 좌표
- **준비물:** 모눈칠판, 자석바둑돌(흑돌, 백돌), 연습용 조별 활동지
- **활동방법**

1. 조별 대표가 나와서 토너먼트전 대항표를 작성합니다
2. 순서가 된 조는 두 명씩 나와서 한명은 판(종이)에 순서쌍을 쓰고
   다른 한 명은 그 순서쌍을 보고 좌표평면에 점을 찍어 오목을 둡니다.
   (서로 이야기를 해서는 안 됨)
3. 순서쌍과 좌표의 위치가 다르면 그 돌은 무효로 처리하고 다음 팀으로 순서가 넘어갑니다.
4. 먼저 오목을 두는 팀이 승리합니다.
5. 두 조가 대결을 하는 동안 나머지 조는 활동지로 연습하며 기다립니다.

---

5) 수학사랑 수학레시피

• **활동지 및 활동장면**

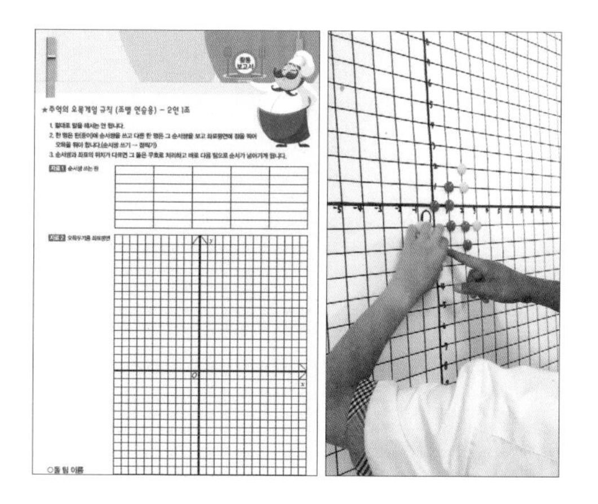

컴퓨터로 공부하는 수학(1) – 지오지브라 함수 그래프

요즘 아이들은 종이위에 자와 연필을 이용하여 그래프를 그려보는 것보다 컴퓨터 프로그램으로 그래프를 그리는 것을 더 선호합니다. 아이들 입장에서 컴퓨터로 그래프를 그리면 더 쉽고 빠르게 정확한 그래프를 그릴 수 있고 실수를 하지 않아서 좋다고 합니다.

컴퓨터 프로그램(지오지브라)을 이용하여 좌표평면 위의 일차, 이차함수의 그래프를 그려보고 다양한 함수의 그래프 형태를 알고 바람개비 모양과 꽃 모양을 표현해 봅니다. 화면 속 그래프는 함수의 그래프의 성질을 시각화하여 더 자세히 알 수 있고 꽃모양과 바람개비 형태를 나타낼 때 어떤 함수가 사용되었는지 찾아볼 수 있어서 미술교과와 연계하여 흥미롭게 수업을 진행할 수 있습니다.

• **교과 적용 단원:** 중학교 2학년 Ⅲ. 일차함수 1-03. 일차함수와 그 그래프
중학교 3학년 Ⅲ. 이차함수 1-03. 이차함수와 그 그래프

• **준비물:** (컴퓨터실) 지오지브라 프로그램, A4 출력물, 색연필, 사인펜

• **활동방법**

1. 지오지브라를 이용하여, $y=ax+b$, $y=ax^2+bx+c$꼴의 함수 그래프를 그려 봅니다.
2. 자신이 그리고자 하는 그림을 일차, 이차 함수를 이용하여 표현해 봅니다.
3. 완성된 그림을 출력하여 여러 가지 색으로 칠하고 꾸밉니다.
4. (나눔) 자신이 완성한 그림을 전시하고 그래프에 대해 이야기를 나눕니다.

• **아이활동**[6]

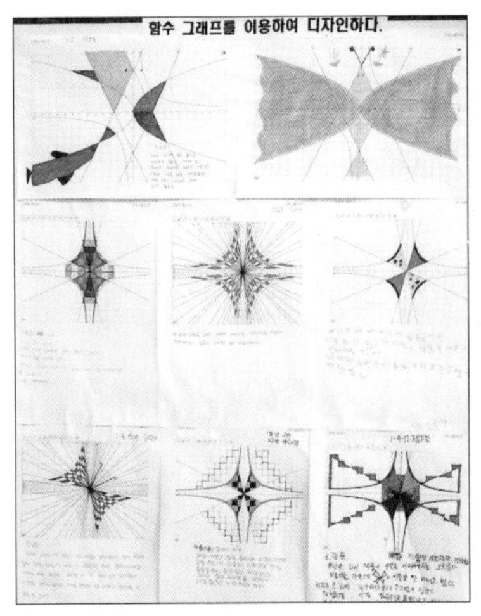

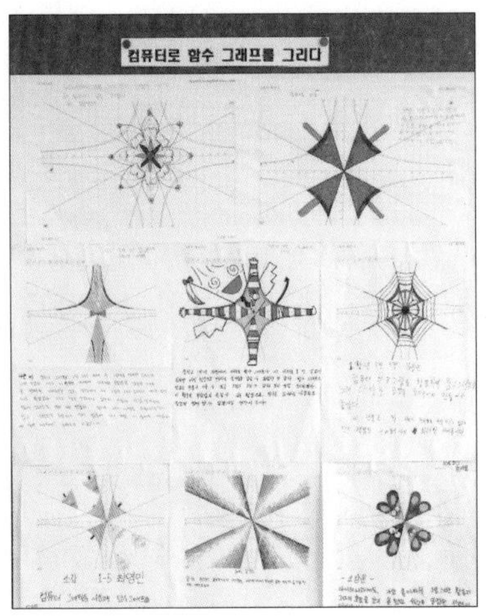

6) 두산동아 중학교 수학 1학년(우정호 지음) 돌산중앙중학교 정경희 선생님 활동자료 제공

컴퓨터로 공부하는 수학(2) - 그래프EQ 국기 그리기

그래프 EQ 소프트웨어는 함수와 부등식의 영역을 이용하여 간단하게 아름다운 디자인을 할 수 있는 프로그램입니다. 아이들에게 사용법을 설명하고, 예제(체코 국기)를 시연해 본 후 아이들 스스로 '나만의 국기' 만들기를 합니다. 앞으로 배우게 될 부등식, 일차함수, 이차함수를 컴퓨터 프로그램으로 그려보고 그래프의 성질과 형태를 이해하면서 이차함수 $y=a(x-p)^2+g$ 그래프의 x축 평행이동, y축 자연스럽게 평행이동을 알게 되는 시간이었습니다.

- **교과 적용 단원:** 중학교 2학년 Ⅲ. 일차함수 1-03. 일차함수와 그 그래프
  중학교 3학년 Ⅲ. 이차함수 1-03. 이차함수와 그 그래프
- **준비물:** (컴퓨터실) 그래프 EQ 프로그램, 활동지, A4 출력물
- **활동방법**

1. 그래프 EQ를 이용하여, $y=ax+b$, $y=ax^2+bx+c$ 꼴의 함수 그래프를 그려봅니다.
2. 활동지를 보고 체코 국기를 만들어봅니다.
3. 함수식과 부등식영역을 이용하여 여러 가지 색깔로 '나만의 국기'를 표현해봅니다.
4. (나눔) 완성한 국기를 컬러 인쇄하여 전시하고 친구들과 의견을 나눕니다.

• **활동지**

질문	GrafEq를 이용하여 '체크 국기를 만들어보세요	
	〈사용법〉 수학소프트웨어 〈국기 만들기: 예제 체코〉 ① 빨강색: 0〈y〈1 탭Tab추가 0〈x〈3 엔터Enter입력 ② 흰색: 1〈y〈2 탭Tab추가 0〈x〈3 엔터Enter입력 ③ 파랑색: 1〈y〈−2/3 x+2 탭Tab추가 0〈x 엔터입력 ④ 파랑색: 2/3x〈y〈1 탭Tab추가 0〈x 엔터입력	$0<y<1$ $0<x<3$ $1<y<2$ $0<x<3$ $1<y<-\frac{2}{3}x+2$ $0<x$ $1>y>\frac{2}{3}x$ $x>0$

• **활동 결과물**

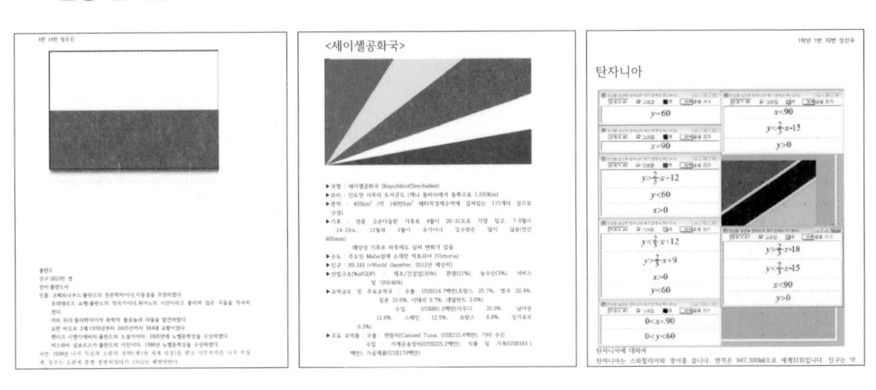

꿈을 표현하는 수학– 점 스티커로 나의 꿈 표현하기

점이 움직인 자리는 선이 되고, 선이 움직인 자리는 면이 됩니다. 선에는 직선과 곡선이 있고 면은 평면과 곡면이 있습니다. 도형을 구성하는 기본 3요소 '점, 선, 면'을 이용하여 아이들의 꿈을 표현해 봅니다. 아이들의 진로와 관련하여 '자신의 꿈'을 색지에 표현하고 글자를 점 스티커로 붙이면서 '점, 선, 면'과 '꿈'에 대해 생각해보는 시간을 가집니다.

- **교과 적용 단원:** V. 평면도형과 입체도형 1-01 점, 선, 면
- **준비물:** A4색지, 점 스티커, 색연필, 사인펜
- **활동방법**

  1. A4용지에 자신의 꿈을 표현해봅니다.
  2. 점 스티커를 이용해 선과 면을 나타내봅니다.
  3. (나눔) 친구들과 자신의 꿈에 대해 소개하고 점, 선, 면에 대해 이야기합니다.

- **활동결과물**

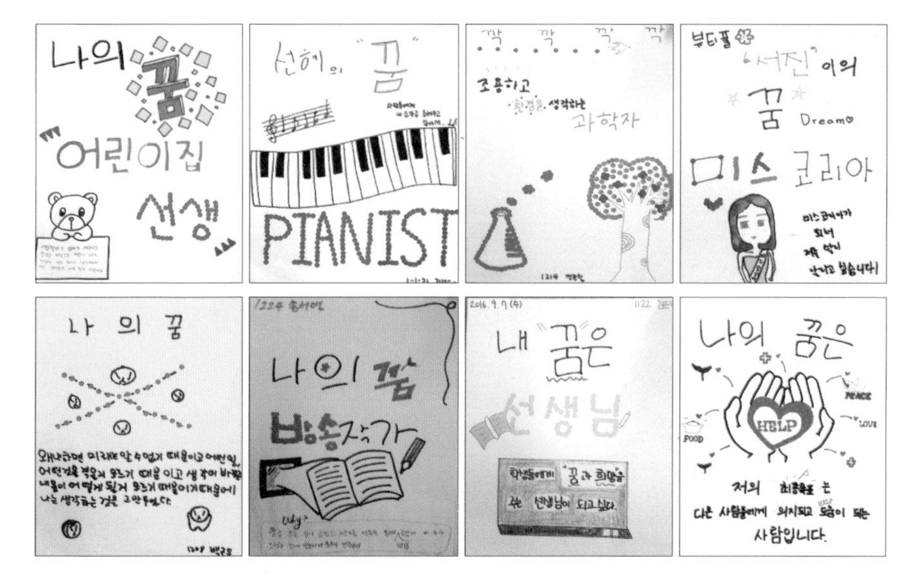

- **(아이)활동 소감**

- 의사가 되고 싶다. 도움이 필요한 사람들이 많은 NGO에서 의사가 되어 아픈 사람을 치료하고 어려움에 처한 사람들에게 도움이 되고 싶기 때문이다. (성선*)
- 아직 진로를 정하지 않았다. 미래는 알 수 없기 때문이고 어떤 일을 어떤 것을 겪을지 모르기 때문이고 생각이 바뀔 거고 내 몸이 어떻게 될지 모르기 때문이기 때문에 나는 생각하는 것을 그만 두었다.(백건*)
- 선생님이 되고 싶다. 어릴 적부터 엄마가 어린이집 원장을 하는 것을 보면서

나도 저렇게 되고 싶다고 생각했고 아이들이 너무 좋기 때문이다.(박보*)

작도로 그려보는 수학(1) - 자유롭게 드로잉

작도는 눈금 없는 자와 컴퍼스를 사용하여 도형을 그리는 것입니다. 탈레스, 플라톤, 피타고라스, 유클리드 등 고대 수학자들은 기하학이 가장 아름답고 완전한 학문이라고 생각했기 때문에 원과 직선만으로 모든 기하학의 체계를 이루려고 했습니다. 기하학의 도구로 눈금 없는 자와 컴퍼스 이외에는 인정하지 않으면서 '각을 3등분하여 작도하는 것, 주어진 원과 같은 넓이의 정사각형을 작도하는 것, 정육면체의 부피의 2배가 되는 정육면체를 작도하는 것' 3대 작도불가능 문제가 생깁니다.

아이들과 자와 컴퍼스만을 이용해서 미술작품 만들기를 해 봅니다. 직선, 곡선을 그리기 위해 여러 방향으로 종이를 돌려가며 신중하게 그리는 모습이 고대 수학자의 모습을 연상하게 하는 유익한 시간이 될 것입니다.

- **교과 적용 단원:** Ⅳ. 기본도형 2-01. 삼각형의 작도
- **준비물:** A4용지, 자, 컴퍼스 색연필, 사인펜
- **활동방법**

  1. A4용지에 자신이 그리고자 하는 그림을 자와 컴퍼스를 이용해 그립니다.
  2. 작도한 그림을 여러 가지 색깔로 표현해봅니다.
  3. (나눔) 친구들에게 자신의 그림을 소개하고 의견을 나눕니다.

• **활동결과물**

작도로 그려보는 수학(2) - 태극기 그리기

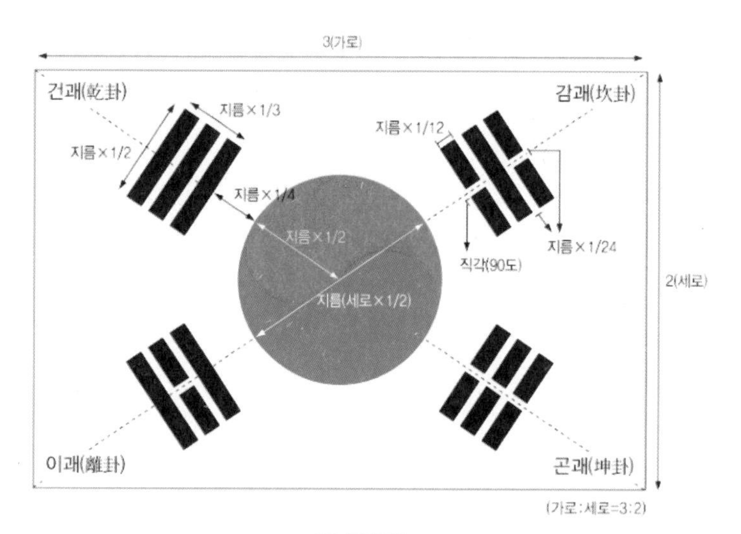

출처: 행정안전부

태극기(太極旗)는 우리나라의 국기로 흰색 바탕에 가운데 태극문양과 네 모서리의 건곤감리(乾坤坎離) 4괘(四卦)로 구성되어 있습니다. 태극기의 흰색 바탕은 밝음과 순수, 전통적으로 평화를 사랑하는 우리의 민족성을 나타내고 가운데의 태극문양은 음(陰:파랑)과 양(陽:빨강)의 조화를 상징하는 것으로 우주만물이 음양의 상호작용에 의해 생성하고 발전한다는 대자연의 진리를 형상화한다고 합니다.[7] 4괘의 '건'괘는 우주 만물 중에서 하늘을, '곤'괘는 땅을, '감'괘는 물을, '리'괘는 불을 각각 상징하며 태극을 중심으로 통일의 조화를 이루고 있습니다.

- **교과 적용 단원:** Ⅳ. 기본도형 2-01. 삼각형의 작도
- **준비물:** A4용지, 자, 컴퍼스, 색연필, 사인펜, 연필, 지우개
- **태극기 그리는 법**

① 흰 종이 위에 가로 3, 세로 2의 비율로 직사각형을 그린 후 2개의 대각선을 연필로 그립니다.

② 대각선이 만나는 점을 중심으로 지름이 직사각형 세로 길이의 1/2인 원을 하나 그립니다.

③ 원 안의 두 대각선의 길이를 반지름으로 하는 반원을 두 개 그려 태극 문양을 완성합니다.

④ 태극 문양으로부터 태극 지름의 1/4 크기만큼 간격을 두어 4괘를 그려 넣을 위치를 잡습니다.

⑤ 괘의 가로 길이는 태극 지름의 1/2, 세로 길이는 태극 지름의 1/3로 그립니다.

⑥ 태극 문양의 위는 빨강색, 아래는 파랑색, 괘는 검정색으로 색칠을 합니다.

---

7) [네이버 지식백과] 태극기 (시사상식사전, pmg 지식엔진연구소)

• **활동결과물**

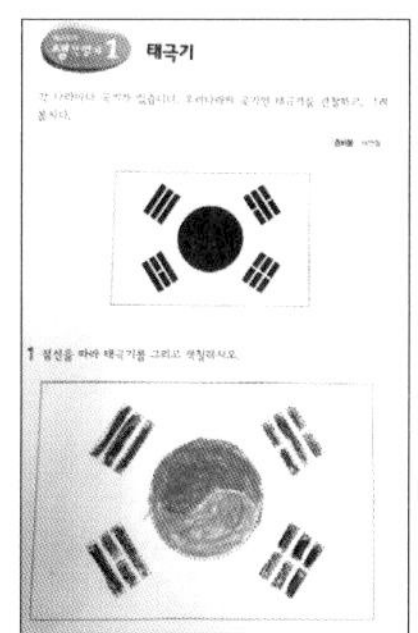

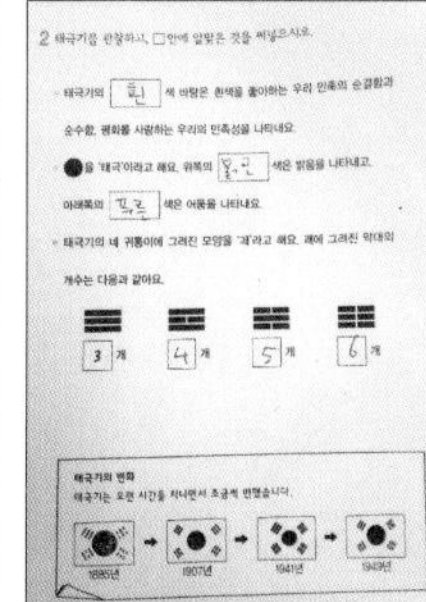

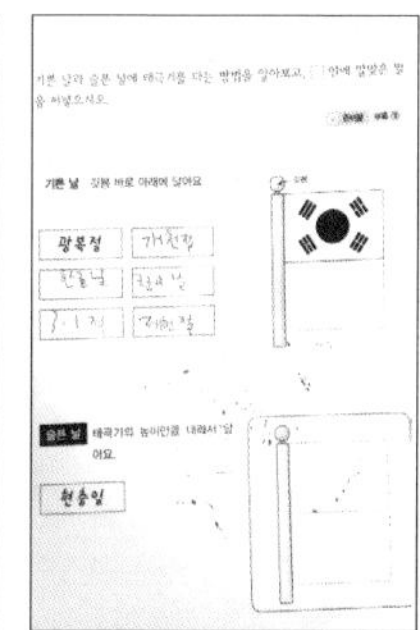

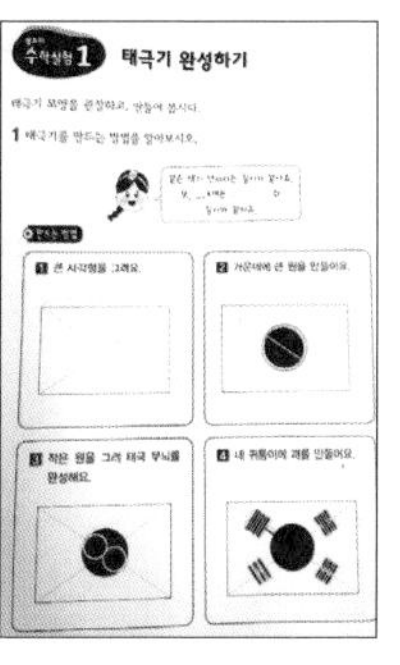

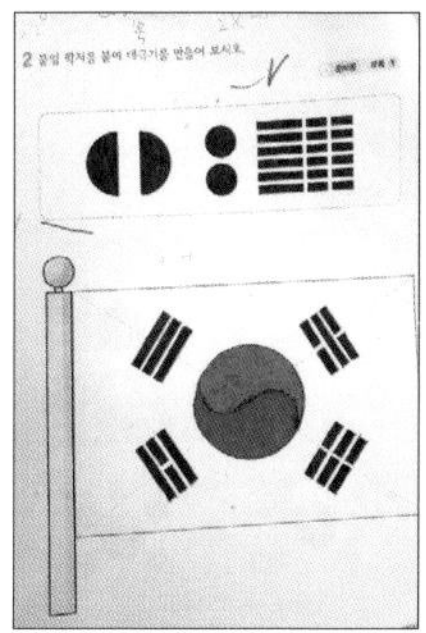

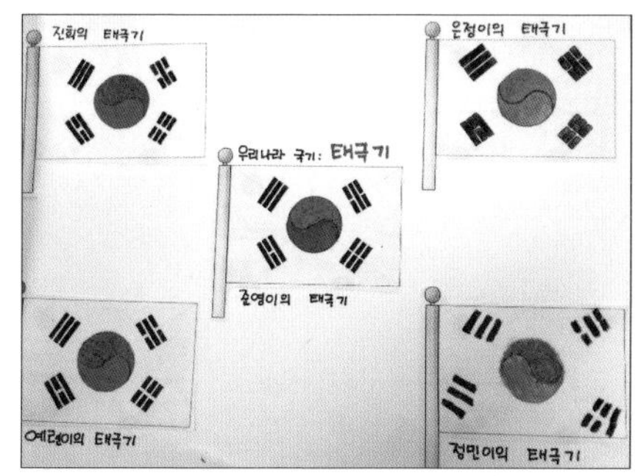

컬러볼로 맛보는 수학 - 정다면체 만들기

정다면체는 모든 면이 정다각형으로 합동이고 각 꼭짓점에 모인 면의 개수가 같은 도형입니다. 다섯 종류 정다면체의 겨냥도와 전개도를 보고 꼭짓점, 모서리, 면의 개수를 파악하는 것은 상당히 어려운 일입니다. 과자 컬러볼을 활용해서 마음껏 먹으면서 정사면체, 정팔면체, 정이십면체, 정육면체, 정십이면체를 만들어 보는 활동은 정다면체의 이해와 꼭짓점(v: 컬러볼), 모서리(e:이쑤시개), 면(f)의 개수를 조사하여 오일러다면체 정리(v-e+f=2)를 이끌 수 있습니다.

- **교과 적용 단원:** V. 평면도형과 입체도형 2-01. 다면체
- **준비물:** 과자 컬러볼, 이쑤시개, 종이컵
- **활동방법**

1. 정다면체란 무엇인지 소개를 합니다.
2. 두 조건을 만족시키는 입체도형(정다면체)을 과자 컬러볼로 만들어 봅니다.
3. (나눔) 탐구문제1, 2를 해결하고 친구들과 정답을 확인해봅니다.
4. (보너스) 시어핀스키 삼각형을 소개하고 다함께 만들어 봅니다.

- **활동결과물**

정다면체 5가지 컬러볼로 만들기 장면

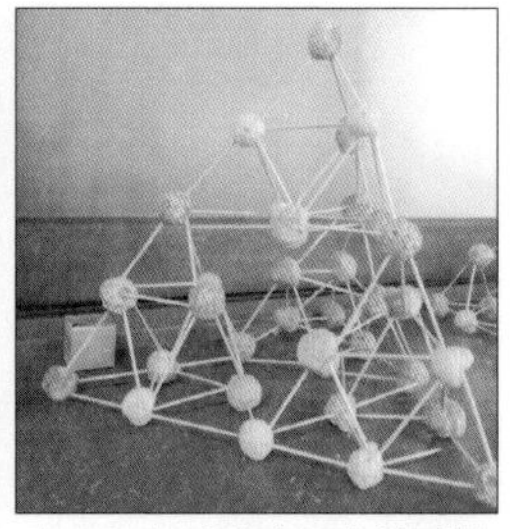

(보너스) 시어핀스키 삼각형

- **탐구문제1**

	정사면체	정육면체	정팔면체	정십이면체	정이십면체
면의 개수	4	6	8	12	20
꼭짓점의 개수	4	8	6	20	12
모서리의 개수	6	12	12	30	30

- **탐구문제2**

	정사면체	정육면체	정팔면체	정십이면체	정이십면체
면의 모양	정삼각형	정사각형	정삼각형	정오각형	정삼각형
한 꼭짓점에 모인 면의 개수	3	3	4	3	5

맛있는 파이 속에 숨겨진 수학[8)]

3월 14일은 자르투가 원주율값(π=3.14…)의 3, 1, 4에 의미를 부여하여 이를 기리기 위해 제정한 날로 전 세계에서 파이데이로 다양한 행사를 진행하고 있습니다. 요즘은 3월14일이 되면 대부분 학교에서 π값을 소수점 아래 수십 자리까지 외우거나, 영화'파이(Pi)'를 시청하고, 원주율 파이와 발음이 같은 과자 파이(pie)와 알파벳 pi가 포함된 파인애플(pineapple)을 먹기도 합니다. 만약 3월14일 파이데이를 그냥 넘겼다면 한번쯤은 원주율과 관련하여 파이데이 수업을 진행해도 좋을 것 같습니다

Tip 1879년 3월 14일은 아인슈타인의 생일이기도 합니다.

- **교과 적용 단원:** (중학교 3학년) Ⅰ. 수와 연산 1-01. 제곱근과 무리수
- **준비물:** 영상, A4용지, 색연필, 사인펜, 초코파이
- **활동방법**

1. EBS배움너머(πday, π의 역사) 영상을 시청합니다.
2. 초코파이의 원주를 이용해 직접 원주율값($=\frac{\text{원의 둘레}}{\text{원의 지름}}$)을 구해봅니다.
3. 원주율값 외우기 게임을 진행합니다(가장 많이 외운 아이에게 초코파이 시상).
4. 비주얼씽킹으로 파이데이 관련 π값을 표현해봅니다.
5. (나눔) 작품을 칠판을 붙여서 함께 감상하고 파이데이에 대해 이야기를 나눕니다.

8) 수학비타민플러스(박경미 지음, 김영사)

• **활동과정**

'EBS배움너머'영상보기

'파이(π)'값 구하기

원주율(π)값 외우기

비주얼씽킹으로 파이(π) 표현하기

• **활동결과**

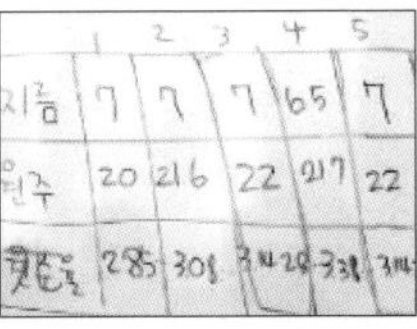

3.1415926535 8979323846
2643383279 5028841971
6939937510
5820974944

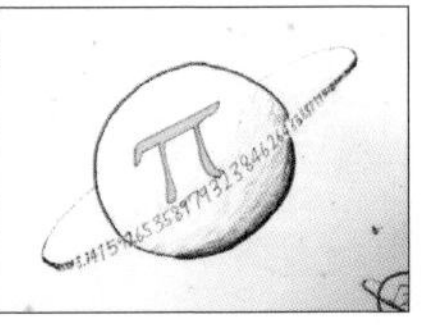

• **활동소감**

- 파이 값을 3.14로 외우고 있으면서 왜 3.14인지는 별로 생각해보지 못한 것 같은데, 직접 초코파이로 원주율 값을 계산해보고 3.1315가 나와서 신기했다.
- 다른 나라에서도 파이 데이를 한다는 게 신기하고, 일본사람이 소수아래 100만 자리까지 외웠다는 게 진짜 신기하다.
- 그림으로 파이(π)를 표현해보니까, 뭔가 수학이 아닌 것 같아서 좋았다. 초코파이가 있어서 좋았고, 앞으로도 이런 시간이 많았으면 좋겠다.

미술로 만나는 수학[9)]

수학은 인류의 삶과 함께 시작되어 수천년 동안 발전해왔습니다. 책『수학파-그림 사이』를 소개하고 수의 역사부터 함수까지 그림이 들려주는 수학이야기를 아이들과 나눕니다. 외눈박이 거인 폴리페모스, 호루스의 눈, 황금비, 플라톤, 원근법, 확률, 함수와 관련된 명화를 눈으로 보고 마음으로 느끼면서 수학사를 배우고 소감문을 작성합니다.

- **준비물:** 책『수학과 그림사이』, 활동지
- **활동방법**

  1. 책속의 그림을 찾아서 감상합니다.
  2. 활동지에 그림을 보고 느낀 점 또는 알게 된 점을 적습니다.
  3. 작가님께 책과 관련된 궁금한 점 또는 소감을 이메일로 보냅니다.
  4. (나눔) 오늘의 수업과 관련된 수학과 그림에 대해 친구들과 대화를 나눕니다.

- **활동지**

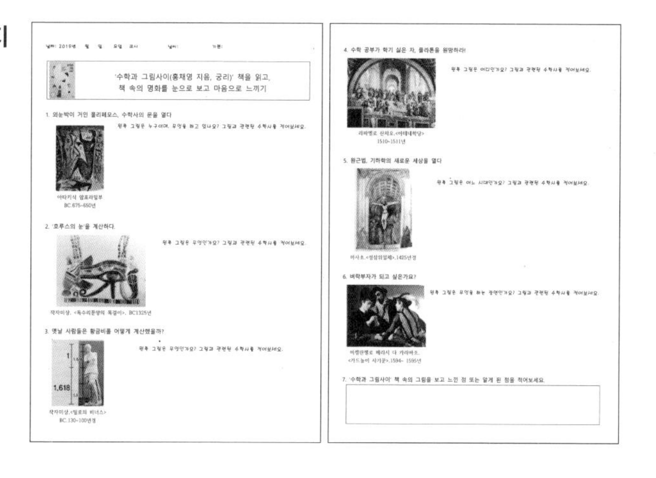

날짜: 2019년 월 일 요일 교시 날씨: 기분:

'수학과 그림사이(홍채영 지음, 궁리)' 책을 읽고,
책 속의 명화를 눈으로 보고 마음으로 느끼기

1. 외눈박이 거인 폴리페모스, 수학사의 문을 열다

왼쪽 그림은 누구이며, 무엇을 하고 있나요? 그림과 관련된 수학사를 적어보세요.

아타키식 암포라밑부
BC.675~650년

2. '호루스의 눈'을 계산하다.

왼쪽 그림은 무엇인가요? 그림과 관련된 수학사를 적어보세요.

작자미상, <독수리문양의 목걸이>, BC1325년

3. 옛날 사람들은 황금비를 어떻게 계산했을까?

왼쪽 그림은 무엇인가요? 그림과 관련된 수학사를 적어보세요.

작자미상,<밀로의 비너스>
BC.130~100년경

4. 수학 공부가 하기 싫은 자, 플라톤을 원망하라!

왼쪽 그림은 어디인가요? 그림과 관련된 수학사를 적어보세요.

라파엘로 산치오,<아테네학당>
1510~1511년

5. 원근법, 기하학의 새로운 세상을 열다

왼쪽 그림은 어느 시대인가요? 그림과 관련된 수학사를 적어보세요.

마사초,<성삼위일체>,1425년경

6. 벼락부자가 되고 싶은가요?

왼쪽 그림은 무엇을 하는 장면인가요? 그림과 관련된 수학사를 적어보세요.

미켈란젤로 메리시 다 카라바조,
<카드놀이 사기꾼>,1594~ 1595년

7. '수학과 그림사이' 책 속의 그림을 보고 느낀 점 또는 알게 된 점을 적어보세요.

---

9) 수학과 그림사이(홍채영 지음) 궁리

• **활동소감**

장님이 된 폴리페모스가 수를 세는 최초의 인류의 기록이라는 내용이 정말 신기했다. 원시인들은 손과 발, 신체를 이용해 수세기를 한 것으로 알았는데, 폴리페모스는 돌멩이와 나뭇가지로 수를 세었다는 것이 암포라 도자기에 나와 있을 줄이야! 수학사를 그림과 함께 공부하니 재미있고 신기했고 지금 배우는 수학이 어렵기는 하지만 수학은 기원전부터 발전해왔고, 그 결과물을 배운다는 생각을 하니 더 열심히 공부를 해야겠다고 느꼈다. (김유*)

호루스 눈에 숨겨진 수학

아주 오래 전 고대 이집트에는 하늘의 신과 땅의 신 사이에서 태어난 오시리스라는 신이 있었습니다. 호루스는 오시리스와 이시스 사이에 태어난 아들이고, 오시리스는 동생 세트의 질투로 죽임을 당하고 맙니다. 이시스는 세트로부터 피해 호루스를 기르지만 어려움에 처하게 되고 태양신 라의 힘을 빌려서 호루스는 이집트의 왕이 됩니다. 세트가 죽기 전 호루스의 왼쪽 눈을 먹어버렸는데, 마법의 힘으로 왼쪽 눈은 치유가 되고 '호루스의 눈'은 파라오와 왕권을 수호하는 상징이 됩니다. 호루스의 눈에는 수학이 들어있습니다. 호루스의 눈 전체를 1로 하여 후각, 시각, 생각, 청각, 미각, 촉각의 각 부분에 분수를 배치하였는데 이를 모두 더하면 63/64입니다. 부족한 1/64은 호루스의 눈을 치유해준 지식과 달의 신 토트가 채워준다는 이집트 신화를 통해 호루스의 눈을 표현해보고 유한소수로 표현하는 활동을 진행합니다.

• **교과 적용 단원:** Ⅰ. 수와 연산 2-01. 정수와 유리수

• **준비물:** 영상, A4용지, 색연필, 사인펜

• **활동방법**

1. EBSmath 영상(호루스의 눈)을 통해 이집트 신화를 소개합니다.
2. '호루스 눈' 영상에서 소개된 단위분수를 수학식으로 나타내봅니다.
3. A4용지에 호루스의 눈을 수학적으로 표현해봅니다.
4. (나눔) '호루스의 눈'과 관련하여 알게 된 점을 친구들과 나눕니다.

• **활동결과물**

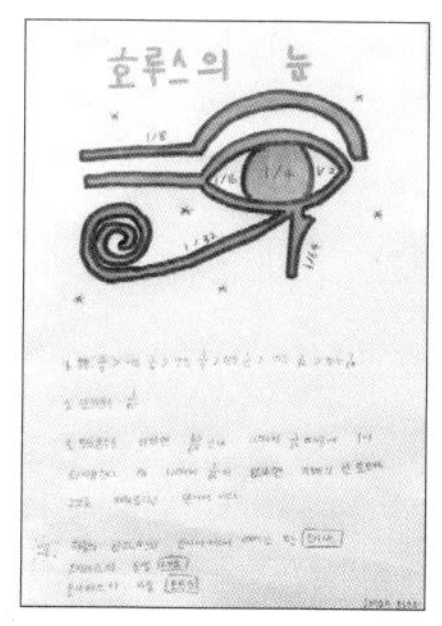

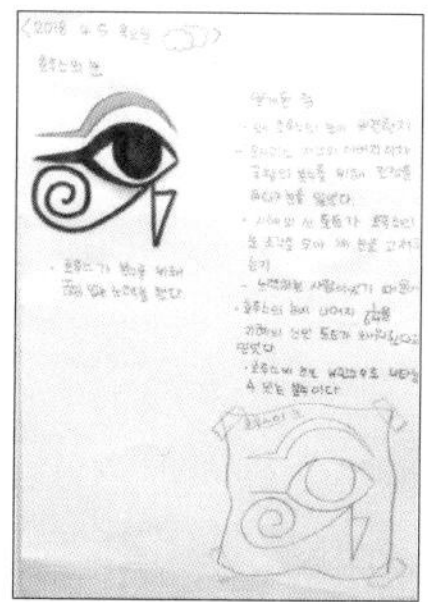
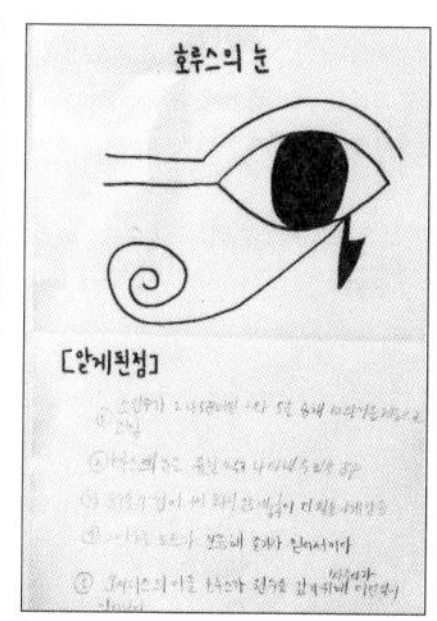

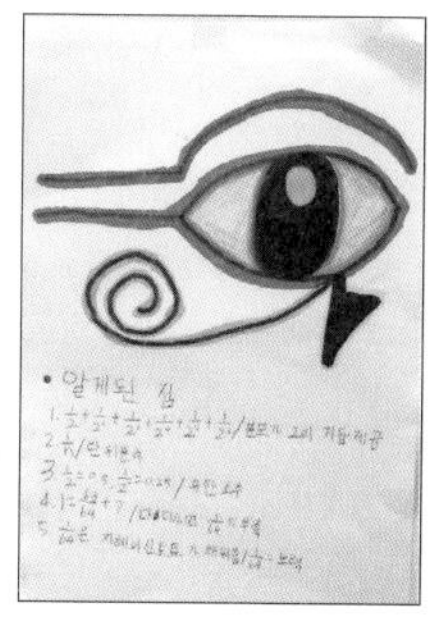

• **(교사) 활동소감**

여름이 되면 타투로 흔히 볼 수 있는 '호루스의 눈'에 대한 수학활동을 진행하였다. 먼저 아이들과 함께 EBSmath 영상을 보고, 6조각으로 부서진 호루스의 눈이 $\frac{1}{2^m}$이 단위분수 형태로 그 합이 $\frac{63}{64}$로 나머지 $\frac{1}{64}$은 지혜의 여신이 노력하는 자에게 준다는 이야기를 아이들은 너무나 신기하고 재미있어 했다. 오시리스와 이시스의 이집트 신화이야기에 도취되어 호루스의 눈을 그려보고, 호루스 눈 속의 수학적 비밀을 찾아보면서 45분 내내 흥미진진한 수업이었다.

테셀레이션으로 만나는 수학

빈틈없이 바닥에 깔려있는 욕실타일, 길거리의 보도블록과 같이 같은 모양의 도형이 틈이나 포개짐 없이 공간을 완전히 메우는 것을 테셀레이션이라고 합니다. 네덜란드의 판화가 에셔(Maurits Cornelis Escher, 1898~1972)는 테셀레이션 예술가로 유명한데 1936년 알람브라 궁전을 방문한 뒤 궁전의 벽과 마루를 장식한 모자이크 타일에 깊은 감명을 받아 테셀레이션을 활용한 미술작품을 많이 만들었다고 합니다.

EBS영상(테셀레이션이란?)과 에셔 영상(https://youtu.be/5nDysAuQgwE)을 시청하고 아이들과 함께 테셀레이션을 만들고 완성한 후에는 작은 전시회를 합니다. 테셀레이션 만들기는 도형을 옮기기, 돌리기, 뒤집기를 하면서 수학적 사고력과 창의력도 기를 수 있고 더불어 예술 작품도 만들 수 있는 활동입니다.

- **교과 적용 단원:** V. 평면도형과 입체도형 1.평면도형의 성질
- **준비물:** 테셀레이션 영상, 두꺼운 종이(정다각형 3종), 풀, 가위, 색연필, 사인펜
- **활동방법**

1. 테셀레이션이란 무엇인지 영상을 통해 알아봅니다.
2. 두꺼운 종이의 정다각형(정삼각형, 정사각형, 정육각형)을 이용해 테셀레이션 기본 문양을 만듭니다.
3. 기본문양을 A4종이에 빈칸 없이 메우고 어울리는 색깔로 색칠을 합니다.
4. (나눔) 완성한 작품을 칠판에 붙이고 감상을 합니다.

• **활동결과물**

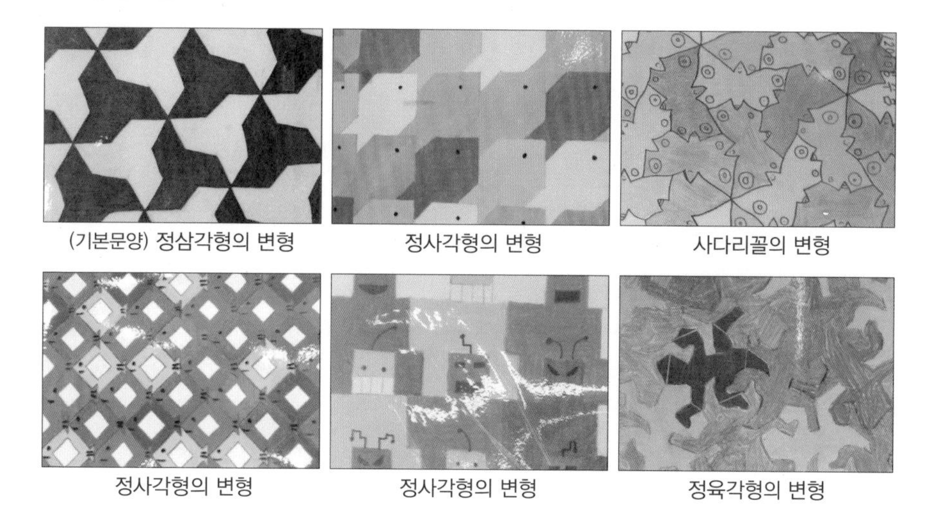
(기본문양) 정삼각형의 변형 / 정사각형의 변형 / 사다리꼴의 변형

정사각형의 변형 / 정사각형의 변형 / 정육각형의 변형

이슬람문양으로 그려보는 수학[10]

이슬람문양은 기하학적 패턴으로 한없이 다양하고 복잡해 보이면서도 질서 있고 정교한 아름다움을 품고 있습니다. 이슬람문양의 가장 기본도형은 원과 직선으로 눈금 없는 자와 컴퍼스를 사용하여 작도할 수 있습니다. 아름다운 문양 속에는 정삼각형, 정사각형, 정육각형, 정팔각형이 규칙성 있게 배열되어있습니다.

원과 직선을 작도해가면서 아름다운 이슬람문양을 완성하고 전체가 동일한 기하학적 패턴으로 모일 때 한없이 빠져드는 수학에 대한 신비로움과 즐거움을 느낄 수 있습니다.

10) 『말레이시아 브루나이 여행』(문태선 지음, 수학사랑)

- **교과 적용 단원:** V. 평면도형과 입체도형 1-01. 다각형, 1-02. 원과 부채꼴
- **준비물:** 영상, 자, 컴퍼스, 색연필, 사인펜
- **활동방법**

1. '이슬람 디자인의 복잡한 기하학-에릭브루그' 영상을 시청하고 이슬람문양을 소개합니다.(https://youtu.be/pg1NpMmPv48?list=PLD-UcDKjlcjk-pktocGrC04J1dXZxyiL2k)
2. 워크북의 기본패턴(45가지 중에 한 개 선택)을 이용해 이슬람문양을 완성합니다.
3. 이슬람문양의 가장자리는 정해진 색깔로 칠하고 안은 자유롭게 꾸밉니다.
4. (나눔) 완성한 작품을 벽면에 붙이고 친구들과 함께 작품을 감상합니다.

- **활동장면**

- **활동결과물**

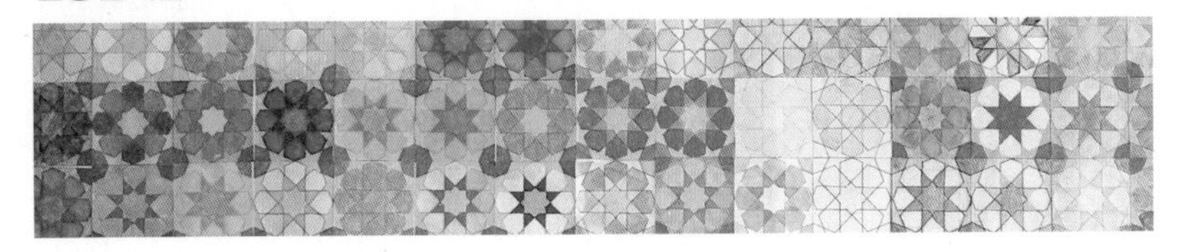

수학시계로 만나는 수학[11)]

인류가 만든 최초의 시계는 고대 이집트의 해시계이고, 우리나라에서 만든 최초의 시계는 조선시대 세종대왕 때 만든 앙부일부 해시계입니다. 해시계, 물시계, 기계식시계, 전자시계 등 시간을 측정할 수 있는 다양한 시계가 발명되었지만 최근에는 다양한 재료와 특색있는 디자인으로 만들어진 시계가 인기입니다.

수학식을 이용해 시계의 1부터 12까지 숫자를(유리수의 사칙연산, 거듭제곱) 수와 연산 단원에서 배웠던 내용으로 수학식을 만들고 시계틀에 시침, 분침, 초침을 무브먼트와 함께 끼워 수학시계를 만들어 봅니다. 수학적 아이디어를 이용해 기호와 그림으로 표현하고 완성된 수학시계를 교실의 벽면에 부착합니다.

- **교과 적용 단원:** Ⅰ. 수와 연산 2-03. 정수와 유리수의 덧셈, 뺄셈, 곱셈, 나눗셈
- **준비물:** 시계판, 시침, 분침, 초침, 무브먼트, 시계틀
- **활동방법**

  1. 숫자 1~12를 사칙연산과 거듭제곱 등 나만의 수학식으로 나타냅니다.
     ($1=\frac{4-2+1}{3}$, $2=\frac{(1+3)\times2}{4}$, $3=\frac{1+2\times4}{3}$, $4=2^2$, $\cdots$)
  2. 시계판 위에 해당하는 수식을 적습니다.
  3. 시계판을 시계틀에 붙인 후 시계가 제대로 작동되도록 완성합니다.
  4. (나눔) 친구들의 시계를 보고 오늘의 수업에 관해 의견을 나눕니다.

11) 비상교육 중학교 수학1학년(58쪽) 참고

• **활동결과**

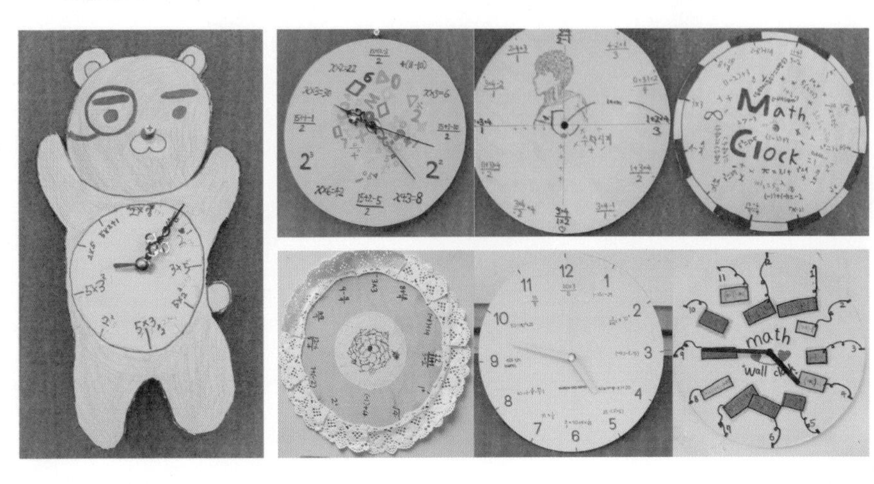

내가 좋아하는 수학자(수학달력 만들기)

한 해를 마무리하며 수학자 열두 명이 소개된 정십이면체 수학달력 만들기를 합니다. 원형 전개도 안쪽의 오각형 점선을 따라 접은 후, 오각형 변끼리 맞대어 붙여가며 정십이면체를 만들고, 월별 달력과 함께 디자인된 수학자(파스칼, 가우스, 오일러, 피보나치, 뫼비우스, 피타고라스, 탈레스, 아르키메데스, 네이피어, 데카르트, 벤, 플라톤)에 대해 알아봅니다. 자신의 생일과 같은 달의 수학자에게 편지쓰기와 내가 좋아하는 수학자 책갈피 만들기를 하면서 수학을 사랑한 수학자를 만나보는 시간을 갖습니다.

• **준비물:** 수학달력 전개도, 풀, 가위, A4용지, 유성펜

• **활동방법**

1. 원형전개도를 이용해 수학달력을 만듭니다.
2. 수학달력 속 월별 수학자를 스마트폰 검색으로 알아봅니다.
3. 내가 좋아하는 수학자에게 편지, 책갈피를 만들어봅니다.
4. (나눔) 완성한 작품을 친구들과 나누어보고 오늘의 수업과 관련된 이야기를 나눕니다.

• **활동결과물**

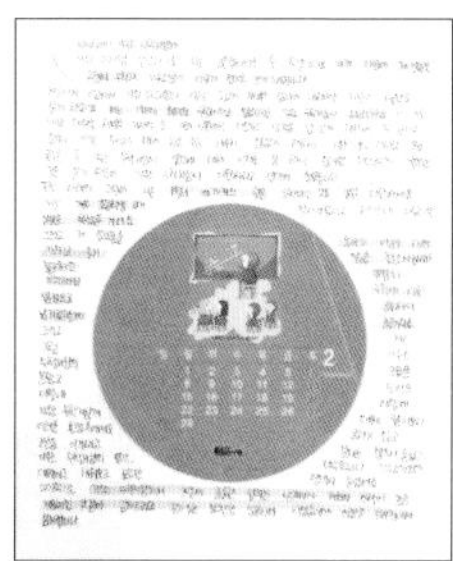

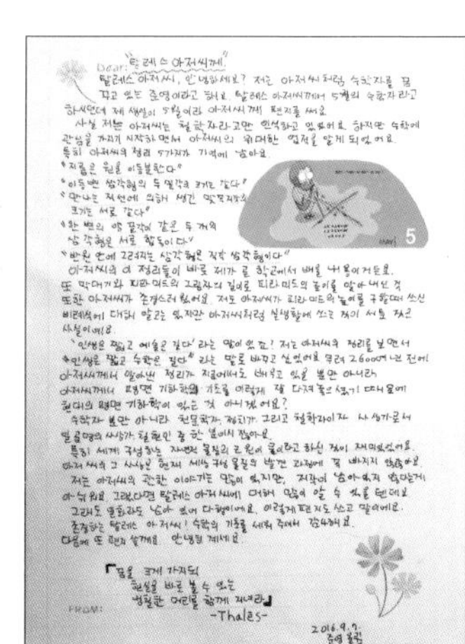

Dear: "탈레스 아저씨께"

탈레스 아저씨, 안녕하세요? 저는 아저씨처럼 수학자를 꿈꾸고 있는 준영이라고 해요. 탈레스 아저씨께서 5월의 수학자라고 하셨는데 제 생일이 5월이라 아저씨께 편지를 써요.

사실 저는 아저씨는 철학자라고만 인식하고 있었어요. 하지만 수학에 관심을 가지기 시작하면서 아저씨의 위대한 업적을 알게 되었어요. 특히 아저씨의 정리 5가지가 기억에 남아요.

"지름은 원을 이등분한다"
"이등변 삼각형의 두 밑각의 크기는 같다"
"만나는 직선에 의해 생긴 맞꼭지각의 크기는 서로 같다"
"한 변의 양 끝각이 같은 두 개의 삼각형은 서로 합동이다"
"반원 안에 그려지는 삼각형은 직각 삼각형이다"

아저씨의 이 정리들이 바로 제가 곧 학교에서 배울 내용이거든요. 또 막대기와 피라미드의 그림자의 길이로 피라미드의 높이를 알아내신 것 또한 아저씨가 존경스러웠어요. 저도 아저씨가 피라미드의 높이를 구할때 쓰신 비례식에 대해 알고는 있지만 아저씨처럼 실생활에 쓰는 것이 서툰 것은 사실이에요.

'인생은 짧고 예술은 길다'라는 말이 있죠! 저는 아저씨의 정리를 보면서 "인생은 짧고 수학은 길다"라는 말로 바꾸고 싶었어요. 무려 2600여년 전에 아저씨께서 알아낸 정리가 지금에서도 배우고 있을 뿐만 아니라 아저씨께서 평면 기하학의 기초를 이렇게 잘 다져 놓으셨기 때문에 현대의 평면 기하학이 있는 것 아니겠어요?

수학자 뿐만 아니라 천문학자, 정치가, 그리고 철학자이자 사상가로서 일곱명의 사상가, 현인 중 한 분이시잖아요.

특히 세계 구성하는 자연적 물질의 근원이 물이라고 하신 것이 재미있었어요. 아저씨의 그 사상은 현재 세상 구성 물질의 발견 과정에 꼭 빠지지 않죠어요.

저는 아저씨의 관한 이야기는 많이 있지만, 저작이 남아 있지 않다는게 아쉬워요. 그랬다면 탈레스 아저씨에 대해 많이 알 수 있을 텐데요.

그래도 명언이라도 남아 있어 다행이에요. 이렇게 편지도 쓰고 말이에요.

존경하는 탈레스 아저씨! 수학의 기초를 세워 주셔서 감사해요.
다음에 또 편지 쓸게요. 안녕히 계세요.

「꿈을 크게 가지되
현실을 바로 볼 수 있는
냉철한 머리를 함께 지녀라」
-Thales-

FROM:
2016.9.7.
준영 올림

To. 가우스 수학자님께

제 생일인 2월의 수학자님, 지금까지 학교에서 가우스 수학자님의 이름만 들었지 자세한 업적에 대해서는 이번에 처음으로 알게 되었어요. 19세기 최고의 수학자라고 알려지신 가우스 수학자님이 존경스러워요. 1부터 100까지의 합을 겨우 초등 학교 때 알아내셨다니 저였다면 상상도 못했을 거예요.

노동자의 아들로 태어나 가난하고 좋지 않은 집안형편도 불구하고 열심히 노력하시고 수학에 대한 열정으로 공부하셔서 놀라워요. (중략)

가우스님께서 그렇게 훌륭한 업적을 남기셔서 저희의 수학이 조금 재밌어진 것 같아 감사드리고 끈기 있게 노력으로 성공하여 아이들에게 희망을 심어주셔서 감사합니다.(임준*)

착시로 만나는 수학

일상생활 중에 실제와는 다르게 느끼거나 달리 보이는 것 같은 착각을 착시라 하고 주변의 색깔이나 선, 모양에 따라 원근감이 생기는 것은 착시의 예입니다. 아이들과 영상을 통해 착시에 대해 알아보고 생활 속에 흔히 볼 수 있는 착시를 찾아봅니다. 눈이 커 보이게 하는 아이라인 화장, 사선으로 디자인된 원피스, 에임즈룸, 트릭아트 등 우리 주변에는 재미있는 착시현상이 많이 있습니다.

길이가 달라 보이지만 실제로는 길이가 같은 선분, 평행하지 않은 것처럼 보이지만 실제로는 평행한 직선 등 우리의 눈으로는 구분하기 어려운 평행을 동위각과 엇각으로 알아보고 착시공룡을 만들어 봅니다.

- **교과 적용 단원:** Ⅳ. 기본도형 1-03 평행(동위각과 엇각)
- **준비물:** EBS지식채널e(눈의 착각), 착시공룡 전개도[12], 풀, 가위
- **활동방법**
  1. 착시영상을 보고 우리 주변에서 착시를 찾아봅니다.
  2. (나눔) 평행선을 착시현상 없이 구분하는 방법(동위각, 엇각)에 대해 의견을 나눕니다.
  3. (관찰) 착시공룡 전개도를 이용해 만들어 보고, 여러 개의 착시공룡이 보는 위치에 따라 착시를 일으키는 것을 관찰합니다.

12) 마이사이언스mall

• **활동지**

▶ 수학과 관련된 기하학적 착시(물체의 길이, 넓이, 방향, 각의 크기, 모양 등) ◀

❶ 오른쪽 선 중 어느 선이 왼쪽 선에서 연장된 선일까?

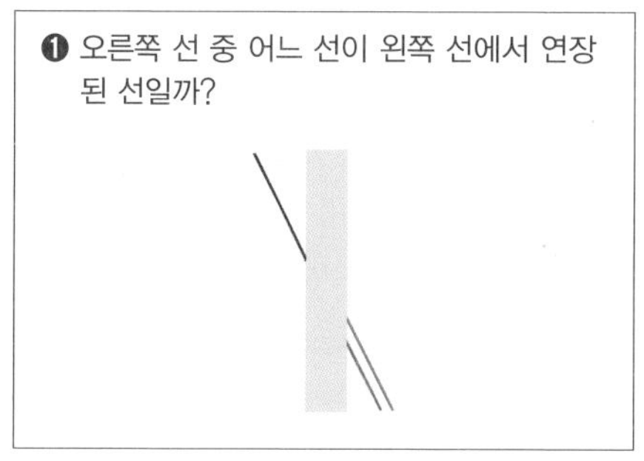

❷ 가로의 선들은 평행할까?

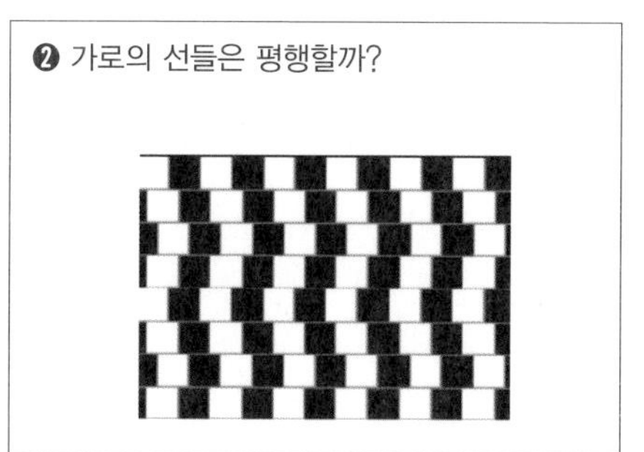

❸ 가운데 있는 주황색 두 원은 같은가?

❹ 어느 쪽 선분의 길이가 더 긴가?

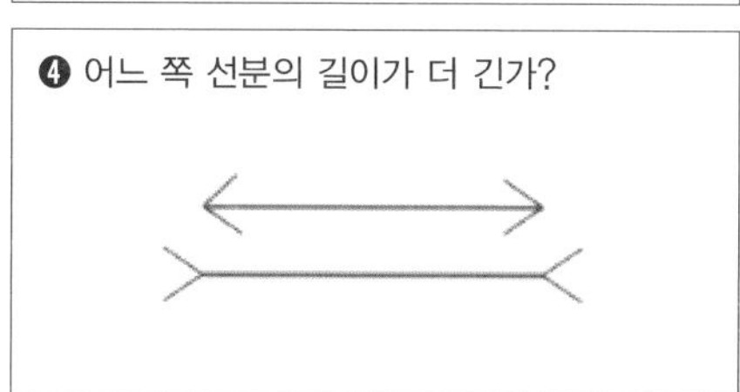

눈꽃송이로 만나는 수학[13)]

자연속의 물, 눈의 결정체를 보면 육각형의 아름다운 대칭성을 확인할 수 있습니다. 정육각형은 점대칭, 선대칭 도형으로 합동인 삼각형을 이용하면 정육각형 눈 결정체 모양을 만들 수 있습니다. 색종이를 접어서 여러 가지 눈꽃송이를 만들고 나만의 눈꽃송이를 만들어 봅니다.

• **교과 적용 단원:** Ⅳ. 기본도형 2-02. 삼각형의 합동

• **준비물:** 영상, 색종이, 풀, 가위

13) 『만들고 생각하며 깨우치는 수학없는 수학』(애나 웰트만 지음, 사파리)

• **활동방법**

1. 자연속의 눈 결정을 소개하고, 눈꽃송이 도움영상(https://youtu.be/YeR-5p8OocUE)을 봅니다.
2. 색종이를 접어서 눈꽃모양을 디자인합니다.
3. 선을 따라 가위나 칼로 자릅니다.

   Tip 손을 다치지 않도록 가위, 칼 사용 주의

4. 접어진 합동삼각형을 조심스럽게 펼치면 눈꽃이 완성됩니다.
5. (나눔) 눈꽃송이를 OHP필름을 이용해 창문에 붙이고 친구들과 작품을 감상합니다.

• **눈꽃송이 접는 방법**

1. 정사각형 변형(합동삼각형 6개) 눈꽃송이 만들기

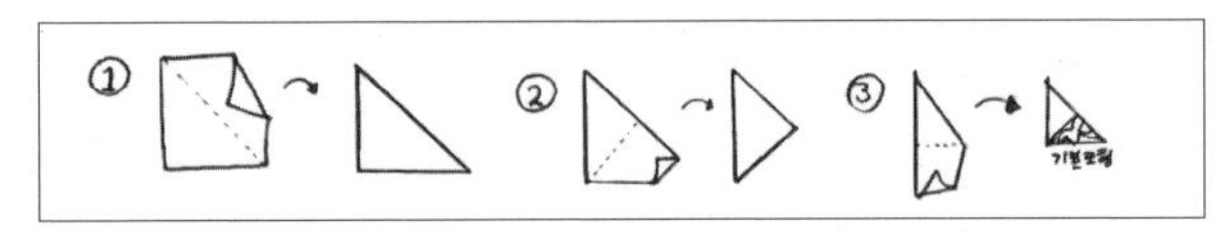

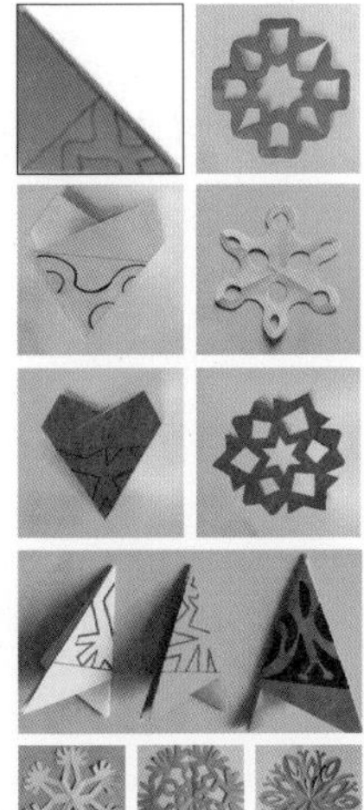

2. 직사각형 변형 (합동삼각형 6개) 눈꽃송이 만들기

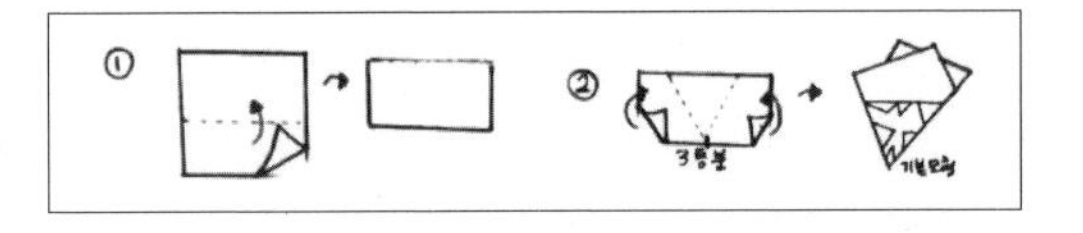

3. 직사각형 변형 (합동삼각형 6개) 눈꽃송이 만들기

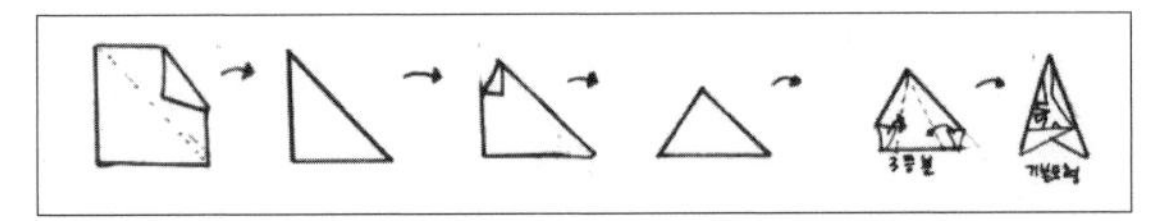

프랙탈로 만나는 수학[14)]

프랙탈은 부분과 전체가 똑같은 모양을 하고 있는 기하학적인 구조로 프랙탈은 부분이 끊임없이 반복되면서 자기 유사성과 순환성을 가지고 있습니다. 자연현상에서 리아스식 해안선, 나뭇가지, 브로콜리, 창문의 성에, 우리 몸속의 심혈관 등이 프랙탈 구조입니다. 프랙탈(fractal)은 프랑스 수학자 만델브로트가 라틴어 '프랙투스'에서 처음에 만든 용어로 고등학교 수학 무한급수의 예로 등장합니다. 무한등비급수를 이용해 프랙탈의 넓이는 구할 수 있으나, 같은 모양이 무한히 반복되는 프랙탈의 길이는 무한대로 늘어남을 알 수 있습니다.

- **교과 적용 단원:** Ⅳ. 기본도형 2-02. 삼각형의 합동
- **준비물:** 프랙탈영상(무한자기복제 프랙탈), A4색지, 가위, 자
- **활동방법**
  1. 자연속의 프랙탈 구조의 예를 소개하고, 도움영상(https://youtu.be/Iq3p-1M3ZTFE)을 봅니다.
  2. 활동지를 이용해 시어핀스키 삼각형을 만들어봅니다.

  3. A4색지를 접어서 프랙탈 카드를 만들어봅니다.

     Tip 손을 다치지 않도록 가위 사용 주의

  4. (나눔) 반복하여 접은 프랙탈의 원리를 이해하고 친구들과 작품을 감상

14) 『살아있는 수학교과서』(배숙지음, 미다스북스)

합니다.

• **프랙탈카드 만드는 법**

- 삼각형

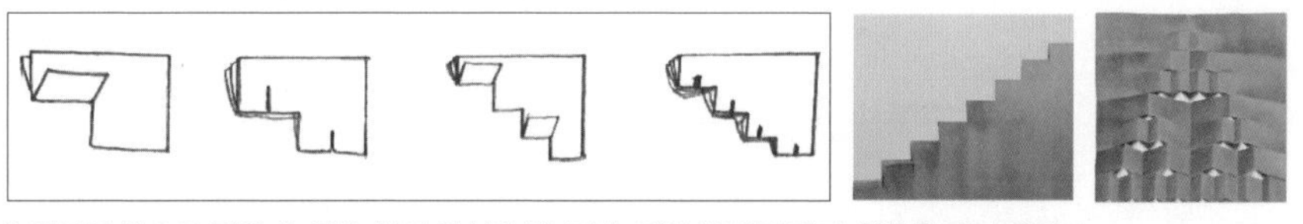

① 종이를 반으로 접은 후 접은 선의 중심에서부터 높이의 반만큼 잘라 왼쪽을 접어 올린다.
② 왼쪽 부분을 펴서 다시 안쪽으로 접어 올리고, 높이의 반만큼 자르는 과정을 반복한다.

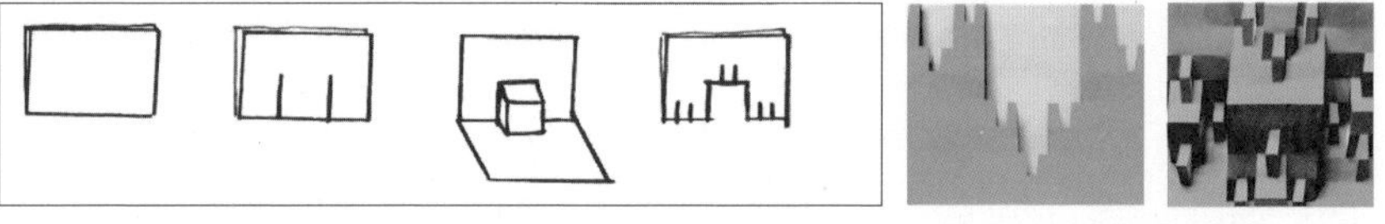

① 종이를 반으로 접은 후 접은 선 3등분점에서 높이의 반만큼 잘라 가운데 부분을 접어 올린다.
② 접은 선이 있는 곳마다 안쪽으로 접어 올리는 과정을 반복한다.

싹뚝 자르기로 도전하는 수학[15)]

싹뚝 자르기는 가위 자르기 한 번으로 퍼즐의 모양을 완성하는 놀이입니다. 종이를 접어서 단 한 번의 가위질로 원하는 모양을 만들기는 어려운 도전과제입니다. 이전 단계의 퍼즐을 성공하면 단계를 올려가면서 다음 과정으로 넘어갑니다. 자, 지금부터 수학적 사고력을 이용해 싹뚝 자르기를 도전해보실까요?

• **교과 적용 단원:** Ⅳ. 기본도형 2-02. 삼각형의 합동

• **준비물:** 싹뚝 자르기 활동지, 가위

15) 순천 수학교육체험센터밴드 순천영재원 장학식 자료 https://band.us/band/74544933

• **활동방법**

1. 싹뚝 자르기를 소개하고, 예제를 다 함께 해결해봅니다.

〈 예제 〉

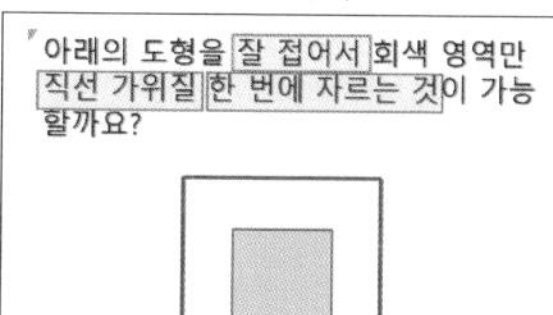

종이를 접어서 (왼쪽)검정색 줄을 싹뚝 자르면, 성공!

2. 도전 과제를 PPT로 제시하면서 활동지를 접어서 싹뚝 자르기를 해결해봅니다.

문제 1

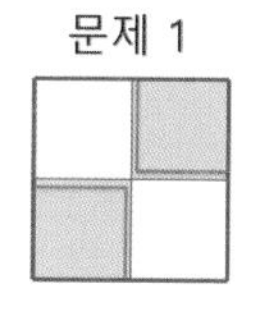

종이를 접어서 (왼쪽)검정색 줄을 싹뚝 자르면, 성공!

문제 2

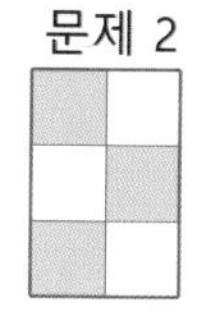

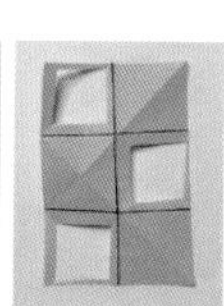

종이를 접어서 검정색
줄을 싹뚝 자르면, 성공!

문제 3

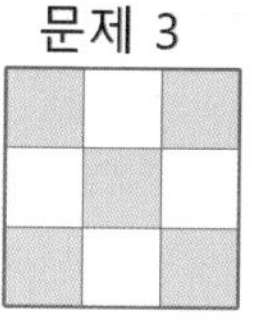

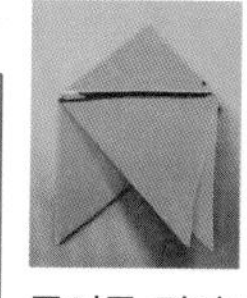

종이를 접어서 (왼쪽)검정색
줄을 싹뚝 자르면, 성공!

3. (나눔) 과제 해결이 어려울 때는 친구들과 서로 도와가면서 합니다.

스트링아트로 만나는 수학

스트링아트는 직선 모양의 실을 규칙적으로 연결하여 곡선 모양의 무늬를 만들어내는 예술입니다. 점과 점이 연결되어 선이 만들어지고 선과 선이 모여 곡선을 만들어내는 시각적 효과를 만들 수 있습니다. 스트링 아트는 19세기 영국의 수학자 메리 에베레스트불이 수학을 가르치기 위해 고안한 것이라고 합니다.

스트링아트 속에 숨어있는 수학적 원리를 탐색하고, 그 원리를 활용하여 아름다운 스트링아트 작품을 만들어보는 활동을 합니다. 함수의 대응값에 따라 원의 크기가 달라짐을 이용해 다양한 색깔로 스트링아트 드림캐처, 열쇠고리를 아름답게 디자인해 봅니다.

- **교과 적용 단원:** V. 평면도형과 입체도형 1-02. 원과 부채꼴
- **준비물:** 영상 유튜브(DIY String Art), 활동지, 자, 스트링아트용 재료[16)]
- **활동방법**

1. '스트링아트'란 무엇인지 영상을 통해 알아봅니다.
2. (활동지) 선분의 규칙성을 이용해 자를 사용해 원과 곡선을 그려봅니다.

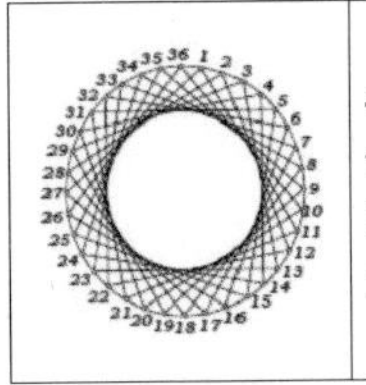	**스트링아트 그리는 방법(1)** 숫자 1→15, 2→16, 3→17 계속 같은 규칙으로 선을 그으면 완성!	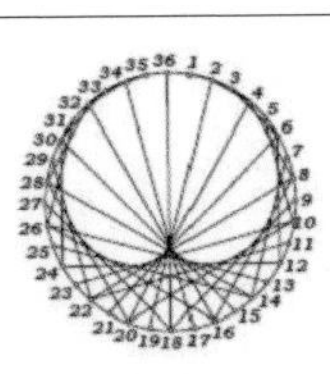	**스트링아트 그리는 방법(2)** 숫자 1→15, 3→16, 5→17 계속 같은 규칙으로 선을 그으면 완성!

3. 스트링아트의 다양한 모양을 이용해 드림캐처 또는 열쇠고리를 만들어봅니다.

16) 상아사이언스(http://www.sangamall.co.kr)

4. (나눔) 친구들의 작품을 관찰한 후, 스트링아트에 대해 이야기를 나눕니다.

• **활동결과**

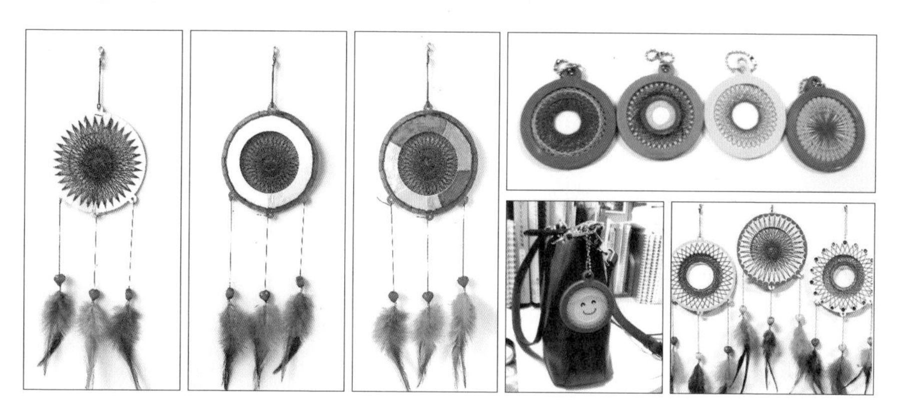

말랑 말랑 두뇌퍼즐

수학을 잘하는 사람보다 수학을 좋아하는 사람이 성공하기 쉽다고 합니다. 수학을 공부하는 이유는 '생각의 힘', 사고력을 키우기 위해서입니다. 지금과 같이 하루가 다르게 빨리 변화하는 시대에 수학적 사고력은 필수요건입니다. 교과수업 시간에 배우는 딱딱한 수학이 아닌 말랑 말랑 두뇌를 깨워보는 활동을 통해 사고력을 기르는 수업을 진행합니다.

• **준비물:** 로직, 스도쿠, 미로찾기 활동지

• **활동방법**

1. '로직' 풀이법을 설명하고, 로직(초급, 중급, 고급)을 해결해봅니다.
2. '스도쿠' 풀이법을 설명하고, 스도쿠(초급, 중급, 고급)를 해결해봅니다.
3. '미로찾기' 풀이법을 설명하고, 미로찾기(초급, 중급, 고급)를 해결해봅니다.

Tip 활동지를 해결한 아이들에게는 사탕, 젤리를 주어 심화단계로 넘어갈 수 있도록 격려합니다.

- **도움이 되는 책 소개**

기적의 숫자퍼즐
네모 네모 로직
(테츠야니시오 저, 제우미디어)

매일 매일 두뇌트레이닝
스도쿠+미로 월드
(손호성 저, 봄봄스쿨)

뇌가 놀고 싶을 때
다른 그림찾기, 미로찾기
(옥당)

- **활동결과물**

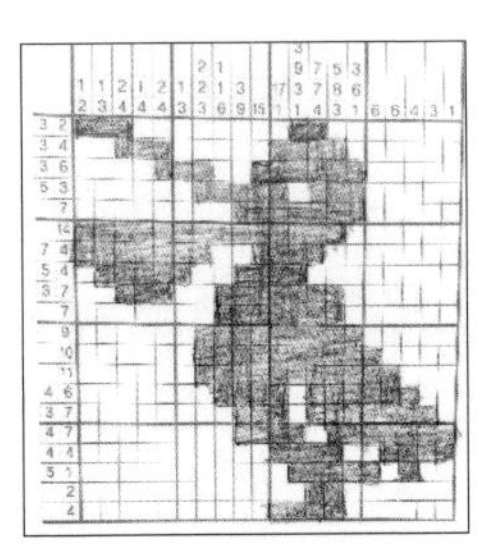

로직(중급단계)

49

9	2	7	3	4	6	1	5	8
6	8	4	1	5	7	9	3	2
5	1	3	2	9	8	4	7	6
3	9	6	4	8	1	5	2	7
8	5	2	9	7	3	6	1	4
4	7	1	5	6	2	3	8	9
7	3	9	8	1	4	2	6	5
1	4	8	6	2	5	7	9	3
2	6	5	7	3	9	8	4	1

스도쿠(초급단계)

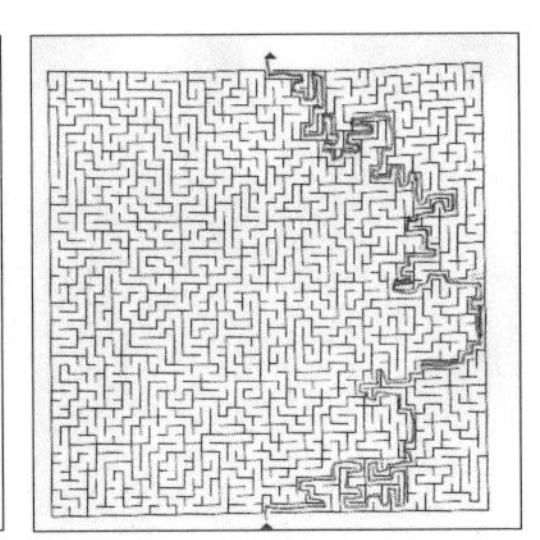

미로찾기 (중급단계)

왁자지껄 보드게임

보드게임(board game)은 딱딱한 판 위에서 말이나 카드를 놓고 일정한 규칙에 따라 진행하는 게임입니다. 블루마블과 같이 보드 위에 몇 개의 말을 올려 정해진 규칙에 따라 진행하거나, 포커나 화투처럼 정해진 숫자의 카드를 통해 일정한 규칙에 따라 게임을 진행하기도 합니다. 보드게임은 여러 사람이 얼굴을 보고 즐기기 때문에 혼자 즐기는 컴퓨터게임과는 다른 재미가 있고 대화가 오가면서 즐거운 분위기로 진행됩니다.

친목 도모, 사고력 증진, 두뇌계발 등 다양한 이점이 있는 보드게임을 친구들과 함께 매뉴얼을 보며 게임의 규칙도 알아보고 경쟁도 즐기면서 재미있는 시간을 가져 봅니다.

- **준비물:** 부루마블, 루미큐브, 마라케시

- **활동방법**

1. 4명씩 팀을 이루어 보드게임을 선택합니다.
2. 보드게임의 매뉴얼을 보고 게임의 규칙을 알아봅니다.
3. 게임을 시작하면 분위기가 지나치게 산만하지 않도록 안내합니다.
4. (나눔) 팀별로 자신들이 진행한 보드게임을 소개하고, 게임판을 정리합니다.

• 보드게임 소개

- 부루마블

게임 시작인원: 2~4명

게임시작 초기자본(200만원)을 나눠가지고, 순서를 정하여 주사위를 굴려 나온 땅에 건물(별장, 빌딩, 호텔)을 짓습니다.

- 루미큐브

게임 시작인원: 2~4명

한 명당 타일 14개를 가지고 가서, 연속된 같은 색깔수가 3개 이상, 서로 다른 색깔 같은 숫자 3개 이상을 등록하는 게임입니다.

- 마라케시

게임 시작인원: 2~4명

마라케시 광장의 양탄자 시장이 열립니다. 누가 가장 뛰어난 양탄자 상인인지 밝히는 게임으로 아쌈이 이동하고 주사위를 굴리며 양탄자를 깔아가는 게임입니다.

(예시) 자유학기제 주제탐구 운영계획서 예시

프로그램명: 수학을 찾아 떠나는 행복한 여행			
활동 목적	생활 속에서 수학을 찾아보고 수학을 만지고, 느끼고 체험해봄으로써 수학의 호기심과 성취감을 맛보고 수학의 원리를 통해 논리적 사고력과 창의적 표현 능력을 기른다.		
차시	주제	활동내용(구체적으로 작성)	필요도구 및 준비물
1	오리엔테이션	'왜 수학을 공부하는가?'서클로 다가가기 (수학은 ㅇㅇ이다.) 공책 표지 만들기	꽃(서클용) 색연필, 사인펜
2	시속에 숨어있는 수학	일차방정식 관련 시(록펠러, 리라버티, 디오판토스묘비)소개, '나만의 시'만들기	A4색지, 색연필, 사인펜
3	노래로 만나는 수학	'지구가 100명의 마을이라면'책 소개 Youtube 영상 보고 상대도수로 표현하기	영상,활동지, 색연필, 사인펜
4	영화로 만나는 수학	영화 '플랫랜드'를 감상 도형의 3요소 점, 선, 면 자유롭게 정의하기	영상자료, 활동지
5	꿈을 표현하는 수학	점 스티커를 이용하여 '나의 꿈'표현하기	A4색지, 점스티커
6	컬러볼로 맛보는 수학	과자 컬러볼을 이용해 정다면체 5가지 만들기	과자, 이쑤시개
7	오목으로 즐기는 수학	짝꿍과 함께 모눈종이 좌표위에 순서쌍을 이용하여 오목놀이 즐기기	모눈종이칠판, 활동지, 바둑알
8	컴퓨터로 표현하는 수학	그래프EQ 프로그램으로 그래프그리기 '나만의 국기'만들기	컴퓨터실, GrapEQ프로그램, 프린터기
9	작도로 그리는 수학	눈금없는 자와 컴퍼스만을 이용해 작품 만들기 ①나만의 작품만들기 ②태극기 그리기	A4용지, 자, 컴퍼스, 색연필, 사인펜
10	테셀레이션로 만나는 수학	영상으로 테셀레이션 소개하기 테셀레이션으로 작품 만들기	영상, 기본문양, A4용지, 색연필, 사인펜
11	이슬람문양에서 찾아본 수학	이슬람문양 영상으로 감상하기 이슬람문양 작도하여 협동화 완성하기	기본문양활동지, 자, 컴퍼스, 색연필, 사인펜
12	스트링아트로 표현하는 수학	스트링아트 영상으로 소개하기 스트링아트 드림캐쳐 또는 열쇠고리 만들기	영상, 활동지, 드림캐쳐재료, 열쇠고리재료
13	눈꽃송이로 만나는 수학	자연속의 물, 눈의 결정체 알아보기 색종이를 접어서 눈꽃송이 만들기	색종이, 가위, OHP필름
14	착시로 만나는 수학	우리주변의 착시현상 찾아보기(영상자료) 전개도를 이용하여 착시공룡 만들기	착시공룡전개도, 풀, 가위
15	왁자지껄 보드게임	부루마블, 루미큐브, 마라케시 신나는 보드게임	부루마블, 루미큐브, 마라케시보드게임
16	말랑말랑 두뇌퍼즐	로직, 스도쿠, 미로찾기 사고력증진 up!	활동지, 필기구
17	수학달력	정십이면체 새해 수학달력 만들기 내가 좋아하는 수학자 편지쓰기, 책갈피만들기	원형전개도, A4용지, 유성펜

※ 앞의 자유학기제 활동예시를 참조해서 다양하게 구성해보시기 바랍니다.

♬ 내 마음의 풍금(5가지 물음)

1. 자유학기제란?

2. 수업을 자유롭게 디자인하라면, 어떤 수업을 꿈꾸시나요?

3. 자유학기제 평가와 기록, 나아가야할 방향은?

4. 자유학기제로 아이들이 실력이 저하되었다는 이야기를 들어보신 적이 있나요?

5. 자유학기제를 통한 배움은 무엇일까요?

관련도서

- 수학이 숨어있는 명화(이명옥, 김흥규지음) 시공아트
- 수학과 그림사이(홍채영 지음) 궁리
- 살아있는 수학교과서(배숙 지음) 미다스북스
- 체험으로 즐기는 수학(김부윤,이지성 지음) 수학사랑
- 수학시간에 놀이하자!(이강숙 지음) 지식프레임
- 만들고 생각하며 깨우치는 수학없는수학(애나 웰트만 지음) 사파리

3. 슬로리딩과 만난 수학수업

선생님 왜 책 읽어요?

한가하고 나른한 오후 선생님은 무엇을 하시나요? 스마트폰 검색, 운동, 잠, 쇼핑, 맛집 탐방……. 저마다 관심 분야가 다르기 때문에 대답도 각양각색일 것입니다. 그렇다면 선생님의 자녀에게는 무엇을 권하시겠습니까? 조금 전에 대답하셨던 것처럼 답하지는 않으실 것 같다는 생각이 드는데, 혹시 자녀라면 '독서'를 바라지 않으신가요? 책 읽기를 바라는 부모의 마음은 하나라도 더 알아갔으면 하는 마음일 것이라고 생각합니다.

저의 어린 시절 이야기를 잠시 하겠습니다. 저는 초등학교 시절 난독증에 걸려 4학년 때까지 글을 읽지 못하는 아이였습니다. 섬마을에서 태어나 자라면서 초등학교 1학년에 입학하였는데 누구나 어렵지 않게 배우는 모국어를 읽고 쓰는 게 되지 않았습니다. 선생님들께서는 몇 명 되지 않는 섬마을 아이들을 사랑으로 잘 가르쳐주셨지만 저는 읽기부터 잘 안 되었습니다. 초등학교 2학년 때 아버지께서 '참 이상할 노릇이군' 하시며, 시장에서 녹음기능이 있는 카세트를 사 오셨습니다. 국어책을 읽어 녹음해주시면서 듣고 따라 읽기를 시작하였습니다. 매일 바다에서 고기잡이로 힘든 나날이었지만 딸이 학교에서 '멍청이'라는 놀림을 받는 게 싫으셨던지 매일 저녁 식사 후에는 녹음기에 그날, 다음날 배울 국어책 내용을 녹음하시고 따라 읽게 하셨습니다. 아버지의 지극 정성 노력 덕분이었는지 초등학교 3학년 무렵 책읽기를 할 수는 있었으나 거꾸로 읽는 이상한 병('고구마'를 '마구고'라고 읽고, 이름도 '이정아'가 아닌 '아정이'라고 씀)에 걸려서 한동안 고생을 하였습니다. 초등학교 5학년 섬에서 시내로 이사를 나와 새로운 학교에 전학을 갈 때도 엄마는 담임선생님께 '학급 친구들 앞에서 책 읽기를 시키지 않았으면 한다'는 부탁을 하셨습니다.

그러던 제가 초등학교를 졸업하고 중학교에 입학하면서 글이 눈에 들어오게 되었습니다. 또래 친구들에 비교하면 6년이 늦게 한글을 깨우친 셈입니다. 뒤늦게 한글을 깨우쳤지만, 학교공부는 따라가기가 어려웠습니다. 교과서의 글자는 읽을 수는 있었으나 도무지 무슨 뜻인지 이해할 수 없었고, 선생님들께서 하시는 말씀 또한 너무 어려워 외국어인 줄 알았습니다. 학교가 끝나면 동네 도서관에서 쭈그려 앉아 그림책과 아이들이 읽는 전집을 읽으면서 시간을 보냈습니다. 그렇게 1년이 지나고 놀라운 변화가 생겼습니다. 전 과목 평균이 50점을 넘지 못하던 제가 중학교 2학년이 되면서 평균 80점이 넘고 중학교 3학년 때는 손가락 안에 드는 우등생이 되었습니다. 모두들 놀라워했고, 그 비결을 궁금해 했는데 그때 당시는 저도 몰랐으나 시간이 한참 지나서야 어린이 책으로 시작했던 '독서의 힘'이었다는 것을 알게 되었습니다.

어른이 된 이후로도 저는 주변에서 '능력에 비해 운이 좋은 사람'이라는 평을 종종 듣습니다. 정말 운이 좋아서 그럴 수도 있겠지만(그럼 저는 행운아인 거겠죠?) 책을 가까이하는 습관 덕분이 아닐까, 하는 생각을 하고 있습니다.

저는 지금도 시간만 나면 책을 읽고 메모를 하는 독서광입니다. 독서를 통해서 요리, 청소, 수납 정리하는 법, 아이 키우는 법, 수업, 학급경영 잘하는 법 등 자질구레한 것들까지 책을 통해서 배우고 실천하고 있습니다. 독서의 중요성과 필요성은 굳이 말하지 않아도 누구나 알고 있고 모두가 인정합니다. 스마트폰 하나면 모든 것이 해결되는 시대라고 하지만, 단순 정보습득이 아닌 사고력 향상과 사고의 폭을 넓히는 것은 '독서의 힘'으로 가능하다고 합니다.

제가 좋아하는 책을 동료 교사와 아이들과 나누고 싶었습니다. 그러던 어느 날 '한 학기 한 권 책읽기(슬로/리딩)'를 알게 되었고 수업시간에도 책을 읽을 수 있다는 것을 알고 곧장 수업시간에 '책 읽기'를 진행하였습니다.

어느 날 갑자기 슬로리딩이 내 안에 들어오다

과거 학력고사 시대에는 '누가 얼마나 많은 교과 내용을 알고 있는가?'하며 공부만 잘하면 되는 시대였다고 합니다. 수능 시대에는 '누가 얼마나 대단한 사고력을 갖추고 있는가?'를 물었다면, 현재는 내신과 수능, 생활기록부, 자기소개서 등 '어떤 인재인가?'에 따른 복합 다양한 능력을 요구하고 있습니다. 학교와 학원에서 해 줄 수 없는 무엇인가를 아이들 스스로 찾아서 익혀야 하는 시대이고, 그에 따라 '독서'가 이를 해결하는 데 도움을 줄 것이라 판단하였습니다.

페이스북 창업자 마크 저커버그, 마이크로소프트 회장 빌게이츠, 세계적인 투자의 귀재 워렌 버핏은 지금의 자신을 만든 것은 '독서'이고, 어려서부터 시작된 독서습관으로 성공한 이후 현재도 독서를 생활화하고 있다고 합니다. 우리 주변에서도 '독서가 공부머리를 좋게 한다', '독서습관을 갖춘 아이가 뒤늦게 공부를 해서 원하는 대학에 입학을 하였다', '독서가 뇌를 변화시켰다' 등 독서에 관한 이점을 많이 듣곤 합니다.

처음 '책 읽기' 수업을 수학수업에 가져왔을 때 저의 의도는 수학을 단편적인 지식습득으로만 배우는 것이 아닌 세상 속에 수학을 소개하고 싶은 마음이었습니다. 아침 독서시간에 아이들에게 독서지도를 하지만 대부분 소설, 그림책, 만화책, 자기계발서적 등을 꺼내 읽는 아이들뿐이었습니다. 수학 관련 책을 읽는다는 것은 큰마음을 먹고 도서관에서 대출하는 것부터가 난관입니다. 방학숙제로 수학책 읽고 독후감을 작성해오게 해도 인터넷상에 떠도는 출처 불명한 글들을 짜깁기 하거나 처음 몇 쪽을 읽고 전부를 읽는 것처럼 써오는 경우가 다반사였습니다. 그래서 주당 4단위 수학 시간에서 1단위를 책 읽기 수업으로 진행하였습니다. 결과는 교사와 아이들 모두 대만족!

자연 속에서 사물과 현상이 수학과 어떻게 연관되는지, 교과서에서 배우는 수학 내용들이 우리 생활에 어떻게 활용되는지, 지금 배우는 것들이 수학사에서 어떻게 발전되어 왔는지 등 수학수업 시간에는 다루지 않았던 내용들을 책을 통해 읽고 접하면서 아이들은 흥미로워 했습니다. 친구들과 함께 소리 내어 책을 읽고 독후활동지를 통해 책 속의 내용을 꼼꼼히 정리해보고 주제와 관련된 활동을 즐겼습니다. 아이들은 수학이 문제를 풀어 답을 내는 것이 전부인 줄 알았는데, 또 다른 수학이 있다는 것을 경험하고 '이런 수학이라면 싫지 않다'는 반응이었습니다.

수업 시간에 배우는 수학의 개념과 원리가 나무와 같다면 책 읽기 수업은 나무들이 모여 숲을 이루는 셈이었습니다. 수학을 어려워하는 아이들에게는 막연하게나마 지금까지 배운 내용들이 머릿속에서 정리가 되어갔고, 수학을 좋아하는 아이들은 수학의 전체적인 구조(대수, 기하, 통계)와 생활 속에 현상들(예술, 자연, 역사 등)이 초·중·고등학교 수학 교과서에서 어떤 계통과 흐름으로 다루어지는지를 체계를 알아갔습니다.

처음에는 전라남도교육청에서 실시한 '한 학기 한 권 책 읽기' 연수를 통해 배운 짧은 지식으로 실천을 하였습니다. '무식한 사람이 힘이 세다'고 연수를 받고, 학교에 오자마자 도서계 선생님을 통해 『수학비타민플러스』(박경미 지음)를 30권 주문하였습니다.

책이 오자마자 수업을 시작 할 마음으로 활동지를 만들었습니다. 그날이 토요일이었는데, 어찌나 그 순간이 신나고 재미있던지 10개의 활동지를 새벽을 지나 아침 해가 뜰 때까지 만들었던 기억이 납니다. '책 읽기' 수업이 무엇인지 이것저것 생각하고 실행으로 옮겼더라면 아마 지금도 못했을 것 같다는 생각이 들지만, 쇠뿔도 단김에 빼라고 '한 학기 한 권 책읽기'를 실천하고 보니 '하길 참 잘했다', '기분 좋다'라는 보람과 뿌듯함이 듭니다. 3장에서는 제가 수업시간에 적용한 누구나 따라할 수 있는 '한 학기 한 권 책읽기(슬로리딩)'를 소개하고자 합니다. 아이들과 수학시간에 수학책을 온전히 읽고, 생각을 나누고, 다양하게 표현하는 시간을 가져 보시는 건 어떨까요?

슬로리딩이란?

책 읽기 수업을 시작하고 나서, 슬로리딩에 관련된 책들을 찾아서 공부하기 시작했습니다. 2015년도 EBS다큐프라임 '슬로리딩, 생각을 키우는 힘' 방영 이후 현재 초등학교에서는 '한 학기 한 권 책 읽기' 수업이 진행되고 있었고 저희 학교에서도 국어 수행평가로 적용하는 학년이 있었습니다. 그동안 제가 관심을 둔 분야가 아니어서 새로운 신기루를 본 것처럼 들떠서 까불었는데, 이미 교육 현장에 들어와 있었고 관심 있는 선생님들께서는 실천하고 있었습니다.

이렇게 좋은 것을 뒤늦게 알게 되어 먼저 경험하신 선생님들의 노하우를 쉽게 적용할 수 있었으니 '이것 또한 복이다'는 생각으로 더욱 열심히 수업에 실천을 하였습니다.

수학을 가르치는 제가 슬로리딩에 반한 이유는 두 가지입니다.

첫째, 모든 학문의 기초는 국어(읽고, 쓰고, 말하기)인 것은 확실한 것 같습니다. 수학문제를 읽고 문제가 무엇인지 이해되지 않아 접근조차 할 수 없는 아이들을 보면서 문장의 해석(읽고 생각하기)이 먼저라는 생각을 늘 하고 있었습니다.

둘째, 초 · 중 · 고등학교를 졸업하면 아이들은 스스로 저마다 필요한 지식과 정보를 찾아 습득하여 가공하고 처리해야 합니다. 학창시절 학교 또는 학원에서 먹기 좋게 지식을 가공해서 줬다고 해도 졸업 후에는 자신이 필요로 하는 정보를 직접 찾아야하고 활용해야 합니다. 정보를 얻기 위한 방법이 여행, 경험, 주변인들과 대화, 인터넷 등 많이 있지만 가장 공신력 있고 시간과 노력이 적게 드는 효율적인 방법이 독서가 아닐까 합니다.

슬로리딩은 '생각을 키우는 힘'을 목표로 책 한 권을 깊게 읽고 생각을 나누는 '온 책읽기'입니다. '슬로리딩'의 시작은 30년 전 일본 고베시 나다 중·고등학교에서 하시모토 다케시 선생님께서 『은수저』 책 한 권을 3년 동안 읽고 진행하면서 부터라고 합니다. '배우는 것은 노는 것이고 노는 것은 배우는 것'이라는 취지에서 배움을 싫어하는 아이들에게 '노는' 기분으로 배우는 방법을 가르치고자 『은수저』 책을 적용하였다고 합니다. 『은수저』를 (샛길읽기) 통해 아이들이 자연스럽게 재미를 느끼게 되니까 '자연스럽게 배우게 되었다'는 말은 오늘날 교육 현장에서도 적용할 수 있는 의미 있는 메시지인 것 같습니다.

슬로리딩은 '천천히 읽고, 깊게 생각하고, 크게 깨닫는 힘'을 갖게 합니다. 수학을 숫자에 갇혀서 식으로 나타내고 풀이하여 답을 얻는 일련의 과정으로만 알고 있는 아이들에게 '수학은 아름답고 유용하고 우리 주변과 현상에서 찾아볼 수 있다'는 것을 알려주고 싶었습니다.

슬로리딩 수업준비

1. '한 학기 한 권 책읽기'를 시작하기에 앞서 언제 읽을 것인지 수업 시간 배정을 하셔야 합니다. 수학교과수업(주당 4단위 수업일 경우, 슬로리딩 1시간 또는 주당 3단위 수업일 경우 슬로리딩 0.5시간)과 자유학기제 주제선택 수업, 동아리 수업 중에서 정합니다. 수학교과 수업시간에 '슬로리딩'을 하는 경우는 학기 초 평가계획

에 포함시켜서 과정평가로 실시하면 좋습니다.

2. 어떤 책을 읽을지 도서관이나 인터넷 서점을 통해 책을 선정합니다.

〈아이들과 함께 읽으면 좋은 슬로리딩 책〉

- 수학비타민 (박경미 지음, 랜덤하우스)(난이도 ★★☆☆☆)
- 재밌어서 밤새 읽는 수학 이야기(사쿠라이 스스무 지음)(난이도 ★★☆☆☆)
- 수학, 인문으로 수를 읽다(이광연 지음, 한국문학사)(난이도 ★★★☆☆)
- 수학비타민플러스(박경미 지음, 김영사)(난이도 ★★★☆☆)
- 수학시트콤 (크리스토프 드뢰서 지음, 해나무)(난이도 ★★★★☆)
- 위대한 수학자의 수학의 즐거움(레이먼드 플러드 지음, 베이직북스)(난이도 ★★★★☆)

국어과 '책 읽기' 수업에서는 아이들의 수준에 맞게 아이들이 책을 고르도록 한다는데 수학 수업에서는 '온 책읽기(책을 끝까지 함께 읽기)' 독후 활동지를 활용한 슬로리딩을 전개하였기 때문에 학급 전체 아이들이 같은 책 한 권 책읽기를 권장합니다.

3. 책 선정을 하고 나면, 다음 사항을 고려하여 교사가 먼저 책을 읽습니다(훑어보기).

① 슬로리딩 수업에서 1차시에 얼마나 읽을지 주제별로 구분을 합니다.
대략 20~25쪽 정도로 실제 수업에서 깊게 읽고, 성독(소리내어 읽기)할 수 있을 정도의 분량을 정합니다.

② 아이들이 재미있어 할 부분을 밑줄을 그어 가며 읽습니다.

뭐니 뭐니 해도 책 읽기 수업은 재미가 있어야 합니다. 지루하고 딱딱한 수학적 내용만 있을 경우 머지않아 아이들은 꿈나라로 떠나 있을 것입니다.

③ 주제별 꼭 알고 넘어갔으면 하는 부분을 찾아서 메모를 합니다.

수학 책읽기를 하는 이유는 실생활에서 수학을 찾고 실생활과 수학의 연관성을 알아보기 위한 것이니 아이들에게 전달하고자 하는 내용은 형광펜으로 표시하고 메모해 둡니다.

④ 아직 배우지 않은 수학용어, 개념과 원리 부분을 표시해 둡니다.

수학 관련 책은 교양도서라고 해도 중학생이 읽기에 어려운 부분, 아직 배우지 않은 내용들이 있습니다. 이때에는 교사가 부연설명을 하는 것이 도움이 되기 때문에 미리 표시해두었다가 간단히 라도 설명하는 것이 좋습니다.

⑤ 주제와 관련된 내용(동영상, 신문기사, 수학잡지, 문학 등)을 찾아봅니다.

오늘 읽은 주제와 관련하여 요즘은 인터넷 검색만으로도 관련 자료를 쉽게 얻을 수 있습니다. 교사의 작은 수고로 책 읽기 수업이 풍성해질 수 있기 때문에 약간의 시간 투자만으로도 대만족일 것입니다.

4. 훑어 읽기로 한 권을 읽고 나면 본격적으로 수학 독후활동지를 만들어봅니다.

〈수학 독후활동지에 들어갈 내용〉

① 오늘의 날짜, 날씨, 기분(미션수업과 동일하게 적용하였습니다.)

② 오늘의 읽을 부분을 안내(소주제 2~3개)

③ 각 주제별로 단답형 문제 제시(소주제별 3~5개 문항)

④ 지금 배우는 수학내용과 접목(그날 읽은 내용과 수학교과내용 연결)

⑤ 오늘 읽은 부분과 관련해서 자신의 생각 적기(7~10줄)

1학년 반 번호: 이름:

날짜: 2019년 월 일 요일 교시 날씨: 기분:

수학독후감1(mathematics vitamin+ ,박경미 지음)

☆ 오늘의 읽을 부분: 14쪽 - 31쪽

※ 책을 읽고, 다음 물음에 답하시오.

1.

① 세발 낙지의 발은 세 개인가요?

② Octopus에서 'oct' 의 의미는 무엇인가요?

③ 다음 숫자의 어원을 적으시오.

· 1( ), 2( ), 3( ), 4( ), 5( ), 8( )

④ '지하3층 + 4층 = 지상1층' 을 수식으로 적으시오.

⑤ 9세기 초 0을 처음으로 사용한 수학자 이름은 무엇인가요?

2.

⑥ 수학을 살아있는 학문이라고 하는 까닭은 무엇일까요?

3.

⑦ 걸리버의 키가 소인국사람들의 키의 12배라고 할 때, 몇 인분의 식사를 준비해야 할까요?

⑧ 현재 우리가 사용하고 있는 아라비아숫자의 10진법이 자리 잡게 된 이유는 무엇인가요?

※ 책을 읽고 알게 된 점(느낀점) 또는 감명 받은 부분을 쓰시오.(10줄 이상)

바른 자세로 책을 집중해서 보는 당신은.... 아름다운 여선인입니다.

1학년 반 번호: 이름:

날짜: 2019년 월 일 요일 교시 날씨: 기분:

수학독후감2(mathematics vitamin+ ,박경미 지음)

☆ 오늘의 읽을 부분: 32쪽 - 40쪽

※ 책을 읽고, 다음 물음에 답하시오.

4.

① '급속도로 증가한다' 는 수학적 표현은 무엇인가요?

② 하노이탑의 전설에 의하면 지구의 종말은 몇 년 후일까요?

$1+2+2^2+2^3+\cdots+2^{63}=$

③ 큰 수의 단위와 작은 단위를 표를 보고 정리해보시오.(37쪽)

큰 수의 단위	작은 수의 단위

※ 책과 관련된 다큐멘터리 영화(파워즈 오브 텐)를 보고 알게 된 점 또는 느낀 점을 표현하시오.

책은 인생의 험준한 바다를 항해하는데 도움이 되게 남들이 마련해 준 나침반이요,
망원경이고 도표이다. - 제시 리 베넷

기본적으로 활용하는 수학 독후활동지 형식으로 수업형태에 맞게 변경·수정하여 사용바랍니다.

슬로리딩 수업의 진행

슬로리딩은 100권의 책을 속독해서 읽는 것이 아니라 1권의 책을 제대로 읽어 창의력과 사고력을 키워내는 독서법입니다. 과거 서당에서 책 한 권을 완전히 암기하고 그 뜻을 이해하지 못하면 다음 단계로 넘어가지 못했던 것을 생각해보면 같은 이치입니다. 조선시대 서당교육에서 책을 읽으면 처음엔 뜻을 알게 되고, 뜻을 생각하며 계속 읽다보면 줄줄 암기하게 된다고 하였습니다. 이처럼 책을 통해 친구들과 읽고 대화하고 질문에 답을 찾다보면 어느 순간 무릎을 탁 치는 깨달음

의 순간이 오는데, 이게 바로 슬로리딩의 목표가 아닐까 합니다.

슬로리딩 수업은 아이들과 책 읽기를 정한 수업 시간에 합니다.

각 반 책 도우미들이 쉬는 시간에 30권의 책과 준비물(색지, 색연필, 사인펜 등)을 가져가고 교사는 독후활동지를 들고 교실에 들어갑니다. 책을 한 학기동안 읽을 것이라고 아이들에게 미리 예고를 하면, 개인 소장용으로 구입하는 친구들도 더러 있습니다.

슬로리딩 첫 시간에는 도서관처럼 이용수칙을 안내합니다.

〈슬로리딩에 지켜야 할 사항〉

- 책을 구기거나 낙서하지 않고 자기 것처럼 소중하게 여깁니다.
- 바른 자세로 앉아서 읽고, 방해가 되지 않도록 조용조용 이야기합니다.
- 수업 전에 책을 가져가고 수업이 끝나면 책과 독후활동지를 제자리에 반납합니다.

슬로리딩 수업 순서

① 책 읽을 준비가 되면 교사가 독후활동지를 나누어 줍니다.

② 독후활동지에 오늘의 날짜와 날씨, 기분을 기록합니다.

③ 순서대로 해당 아이는 큰소리로 한 단락 또는 주제별로 읽습니다.

④ 오늘 읽을 부분을 다 읽고 나면, 독후활동지를 기록합니다.(이해가 잘 되지 않은 부분이나 궁금한 내용은 짝꿍과 협력하여 해결합니다.)

⑤ 끝 종이 울릴 때까지 책을 다시 한 번 읽거나 독후활동지의 자신의 생각쓰기를 합니다.

슬로리딩은 정답이 없는 수업이기 때문에 아이들은 자유롭게 독후활동지를 기록합니다.

간혹 수학 문제나 수학용어에 대한 질문은 아이들을 통해서 정답을 확인하기도 하지만 대부분의 경우는 아이들의 생각을 적도록 하였습니다. 관련 동영상을 보았을 때는 비주얼 씽킹으로 표현해 보고, 수학 활동(매듭활용 팔찌 만들기, 주령구 만들기 등) 후에는 알게 된 점 또는 소감을 적어보도록 하였습니다.

슬로리딩 수업이 끝나면 책과 독후활동지를 걷어와 활동지에 대한 피드백을 하였습니다.

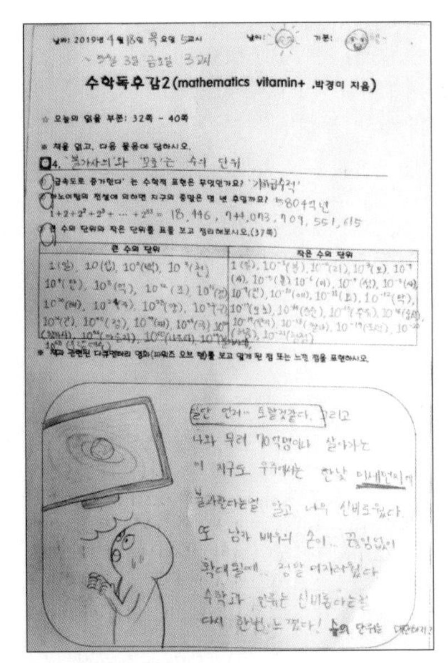

수학독후감2(mathematics vitamin+ ,박경미 지음)

☆ 오늘의 읽을 부분: 32쪽 - 40쪽

※ 책을 읽고, 다음 물음에 답하시오.

4. '불가사의'와 '모호'는 수의 단위

'기하급수적'

$1+2+2^2+2^3+\cdots+2^{63}$ = 18,446,744,073,709,551,615

수의 단위와 작은 단위를 표를 보고 정리해보시오.(37쪽)

큰 수의 단위	작은 수의 단위
[illegible]	[illegible]

※ 책과 관련된 다큐멘터리 영화(파워즈 오브 텐)를 보고 알게 된 점 또는 느낀 점을 표현하시오.

아이들의 생각에 대해 동의하는 댓글을 간단히 라도 적어주면 아이들은 다음 독후활동을 할 때, 더 적극적으로 참여합니다.

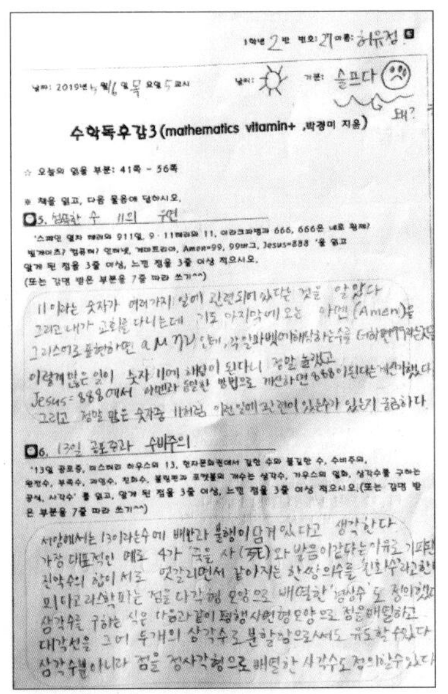

1학년 2반 번호: 21 이름: 허유정

날짜: 2019년 5월 16일 목요일 5교시 날씨: 기분: 슬프다

수학독후감3(mathematics vitamin+ ,박경미 지음)

☆ 오늘의 읽을 부분: 41쪽 - 56쪽

※ 책을 읽고, 다음 물음에 답하시오.

5. 신묘한 수 11의 우연

(또는 감명 받은 부분을 7줄 따라 쓰기^^)

6. 13일 공포증과 수비주의

오늘의 기분에서 간혹 아이들은 알아주었으면 하는 마음인지 '슬픔','짜증','화남'을 표현할 때가 있습니다. 그럴 때 수업 후 간단히 안부를 묻는 것만으로도 아이들은 위로를 받습니다.

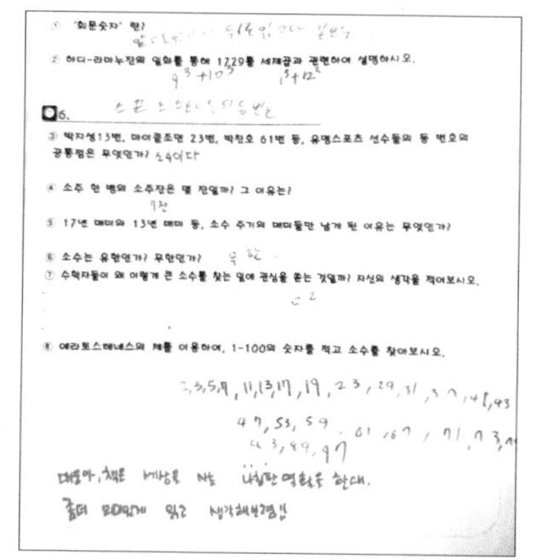

① '회문숫자'란?

② 하디-라마누잔의 일화를 통해 1729를 세제곱과 관련하여 설명하시오.

9^3+10^3 1^3+12^3

6.

③ 박지성13번, 마이클조던 23번, 박찬호 61번 등, 유명스포츠 선수들의 등 번호의 공통점은 무엇인가? 소수이다

④ 소주 한 병의 소주잔은 몇 잔일까? 그 이유는?
7잔

⑤ 17년 매미와 13년 매미 등, 소수 주기의 매미들만 남게 된 이유는 무엇인가?

⑥ 소수는 유한인가? 무한인가?

⑦ 수학자들이 왜 이렇게 큰 소수를 찾는 일에 관심을 쏟는 것일까? 자신의 생각을 적어보시오.

⑧ 에라토스테네스의 체를 이용하여, 1-100의 숫자를 적고 소수를 찾아보시오.

2,3,5,7,11,13,17,19,23,29,31,37,41,43
47,53,59,61,67,71,73,
83,89,97

대웅아, 책은 세상을 바꾸는 나침반 역할을 한대.
좀더 재미있게 읽고 생각해보렴!!

수업에 불성실하게 참여하는 아이들의 경우 '독서의 필요성' 또는 좀 더 진지하게 수업에 참여해주길 부탁해보는 것도 슬로리딩 수업을 즐겁게 할 수 있는 방법이 됩니다.

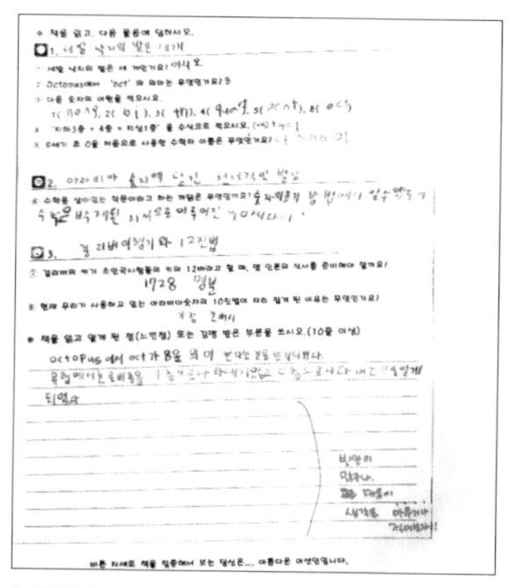

◈ 책을 읽고, 다음 물음에 답하시오.

1.

① 세발 낙지의 발은 세 개인가요? 아니오

② Octopus에서 'oct'의 의미는 무엇인가요? 8

③ 다음 숫자의 어원을 적으시오.

2.

3.

⑦ 걸리버의 키가 소인국사람들의 키의 12배라고 할 때, 몇 인분의 식사를 준비해야 할까요?
1728 명분

⑧ 현재 우리가 사용하고 있는 아라비아숫자의 10진법이 ... 된 이유는 무엇인가요?

◈ 책을 읽고 알게 된 점(느낀점) 또는 감명 받은 부분을 쓰시오.(10줄 이상)

octopus에서 oct가 8을 의미 한다는 것을 알게되었다.

독후활동지를 빈칸으로 그냥 두고 넘어갈 때 방관을 하게 되면 많은 아이들이 따라하게 되고 슬로리딩의 참의미를 전달하기 어렵습니다. 교사의 관심과 댓글이 아이들을 수업에 참여하는 길로 이끕니다.

슬로리딩 수업을 하다보면, 책 읽기가 느린 아이와 빠른 아이들이 있습니다.

평소 책을 읽지 않은 아이들은 낯선 수학용어나 수학공식을 읽을 때 발음을 못하거나 긴 문장을 읽을 때 띄어쓰기를 제대로 하지 않고 읽습니다. 독후활동지에 자신의 생각 적기와 비주얼씽킹으로 표현하기를 하지 못할 때는 마음에 드는 구절을 찾아서 '따라 쓰기'나 '따라 그리기'를 하도록 하면 아이들은 수업에 흥미를 잃지 않고 끝까지 참여하며 따라 해보면서 뒤늦게 이해를 하는 경우도 있으니 참고 바랍니다.

책 읽기가 또래 아이들보다 월등한 아이들이 있는데, 대개 어려서부터 책을 가까이 하고 현재도 책을 많이 읽은 아이들로 교과 성적이 우수한 아이들이 해당됩니다. 다른 아이들보다 독후활동지를 빨리 마치고 '뭘 해야 하나요?'라고 묻는 경우, 친구들을 도와주거나 다시 한 번 책 읽기를 하라고 합니다. 때로는 미리 다 한 아이들이 다른 책을 읽어도 되냐고 묻는데, 저의 경우 수학 책 읽기 시간이므로 수학 관련 책을 읽는 경우만 허락하였습니다.

슬로리딩 독후활동 예시

수학 관련 책을 읽고 독후활동지를 만들 때 제가 자주 활용하는 예시를 소개하겠습니다. 독후활동지 기본 형태는 위에 소개한 것으로 활동내용만 주제에 따라서 변형하여 사용합니다.

① 책을 읽고 알게 된 점 또는 느낀 점 적기(10줄 이상, 적어야 할 분량을 정해주지 않으면 교사의 의도와 다르게 한 줄 만 적는 경우가 생기고, 글씨크기가 다양하기 때문에 밑줄을 그어 적는 부분을 제시해줍니다.)

② 비주얼 씽킹으로 표현하기(그림을 그리고 색칠을 하도록 하며, 그림에 대한 설명을 적도록 안내합니다.)

③ 책 읽고 요약하기(글 또는 그림으로 자유롭게 책에 소개된 내용을 요약해 봅니다.)

④ 책 속에 내용 따라 쓰기, 따라 그리기(자신의 생각을 표현하기 어려운 아이들에게 안내하기도 하고, 책 속에서 꼭 알았으면 하는 내용은 따라 해보기를 합니다.)

⑤ 관련 동영상 보고 자신의 생각적기, 수학적 상상해보기(수학사를 살펴보면 지금까지 수학은 수학자들에 의해 발견되고 발전되고 있는 학문으로 앞으로 더 무한한 발전을 기대하게 됩니다. 관련 자료를 보고 수학적 상상을 적어보는 것도 재미있었습니다.)

(보너스 예시) 수학비타민플러스 슬로리딩

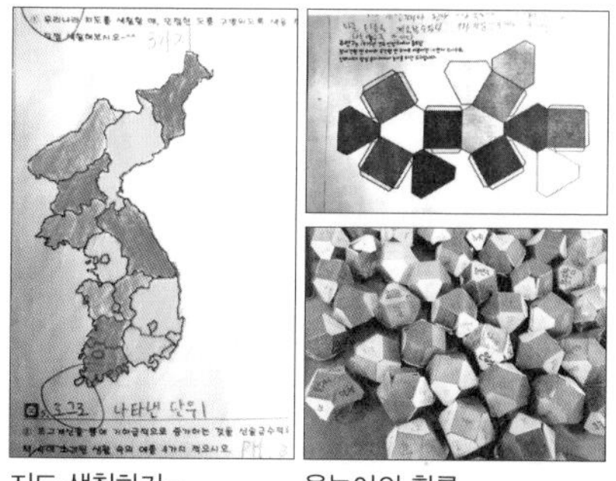

지도 색칠하기 –
대한민국 지도 색칠하기

윷놀이의 확률 –
주령구 만들기

펜타그램 – 국기 만들기

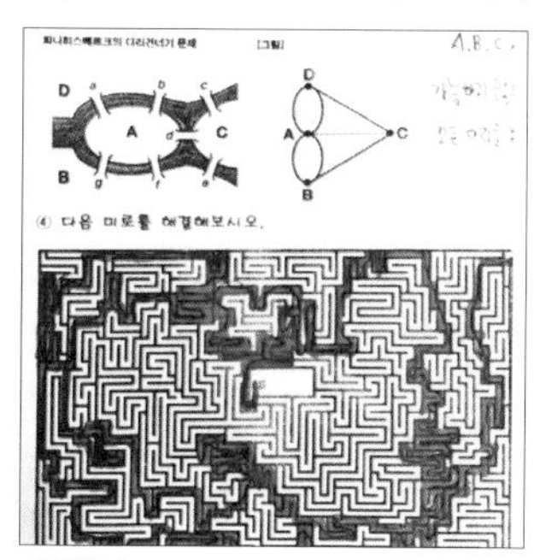

미로찾기

과일쌓기와 매듭짓기 – 팔찌 만들기

열 권의 효과를 내는 한 권 읽기의 전략

책과 함께 독후활동 즐기기1–서평쓰기

책 읽기 수업을 10차시를 마치고 무엇을 할까 고민하던 중, 요즘 책을 보면 뒷면에 유명 인사들의 책 추천사를 볼 수 있어서 아이들과 책 서평(추천사) 쓰기를 해 보았습니다. 책 읽기를 잘 하는 아이, 못하는 아이 할 것 없이 모두가 서평을 쓸 때만큼은 '강력 추천', '재미있어요'하는 단어를 섞어가면서 독자들에게 책을 권하였습니다. 특별히 기억에 남는 서평을 몇 개 소개하겠습니다.

까칠 남학생 이주*	• 시험 점수가 너무 낮다? • 수학만 보면 토가 나온다? • 수학을 포기해 버리고 싶다? 하지만 걱정 마십시오! 이 책을 보고 또 보면 수학이 즐거워집니다. 지금 당장 한 번이라도 봐 보세요.
수학 포기 남학생 김은*	제가 이 책을 읽으니 안 좋았던 머리가 조금이나마 좋아졌고 자신감이 생겨서 지금은 얘기라도 할 수 있네요. 이 책은 수학의 기호와 단위가 다양하고 모르는 것은 알 수 있고 재미있고 흥미가 넘칩니다. 성적도 올려주고 다양한 이야기가 가득한 이 책을 꼭 사서 보시기 바랍니다.
모범생 황우*	남녀노소 권장하는 책으로 평소에 무심코 넘겼거나 몰랐던 궁금증이 "아하"라고 말할 만큼 해소됩니다. 10^{68}이 얼마나 큰 수인지 10^{-21}이 얼마나 작은 수인지도 알려주고, 수학의 역사, 음악 등 일상생활에 얼마나 많이 수학이 포함되어 있는지 알려줍니다. 아직도 풀리지 않은 수학의 신비와 무한이 무엇인지 궁금하신 분은 절대 후회하지 않을 이 책을 꼭 읽어보시기 바랍니다.
전교일등 여학생 남은*	수학이 지루하고 따분할 거라고 생각하는 사람들에게 꼭 추천하는 책! 이 책을 읽고 나서 수학에 대한 생각이 180도 바뀌어 버렸다. "가볍게 읽기도 좋고 쏙쏙 기억되는 책" 전국 수백만 구매자들의 그 책 수학비타민플러스 덕분에 선생님께 칭찬받았어요(구매자 김양) 유익한 내용 + 재미있는 설명 + 쉽게 이해되는 그 책! 강!력!추!천!
내성적인 여학생 김보*	수학을 싫어하는 사람, 수학을 못하는 사람, 숫자만 보면 머리가 아픈 사람. 재미있게 읽다보면 나도 이제 수학마스터 '지금까지 이렇게 재미있었던 책은 없었다.' 수학을 재미있게 공부할 수 있는 책. 어린이부터 어른까지 모두 쉽게 이해할 수 있는 수학책 ♬집에 한 권씩 있으면 간지 나죠.♬

책과 함께 독후활동 즐기기2-도전! 수학 골든벨

책 읽기를 마치고 아이들에게 포스트잇을 나누어주고, 다음 시간에 '도전! 수학 골든벨'을 할 예정이니 문제를 5개씩 만들어달라고 하였습니다. 아이들은 누가 볼까봐 포스트잇을 가려가면서 책에 있는 내용을 문제로 만들어 제출하였습니다. 아이들 중에서 사회자(2명)와 도우미(2명)를 정하고, 다음시간에 '도전! 수학 골든벨' 활동을 진행하였습니다.

준비물

① 예선전, 패자부활전, 본선 골든벨 ppt(사회자와 도우미가 준비)

② A4용지를 코팅한 종이(아이 수만큼)

③ 앞: 유성매직+ 뒤: 지우개(문구점에 500원 함)

④ 상품: 매점이용권(1000원)

방법

① 사회자가 문제를 ppt로 제시하고, 문제를 틀린 사람은 바닥에 앉도록 지시합니다.
사회자: 문제 제시 및 진행 (지금부터 도전! 수학 골든벨을 시작하겠습니다. 빰빠라 밤~)
도우미: 친구들의 정답을 보고 쓰지 않도록 살피고, 탈락한 아이를 바닥에 앉도록 합니다.

② 문제를 맞힌 아이가 5명 이내가 되면 패자부활전을 하고 절반 이상이 되면 멈춥니다(찬스 문제: 오픈북 테스트로 책을 찾아서 정답을 10초 이내에 적습니다).

③ 패자부활전 탈락자를 제외한 아이들과 본선을 치릅니다.

④ 최후의 1인을 뽑거나 본선 문제를 모두 맞힌 아이는 시상을 합니다.

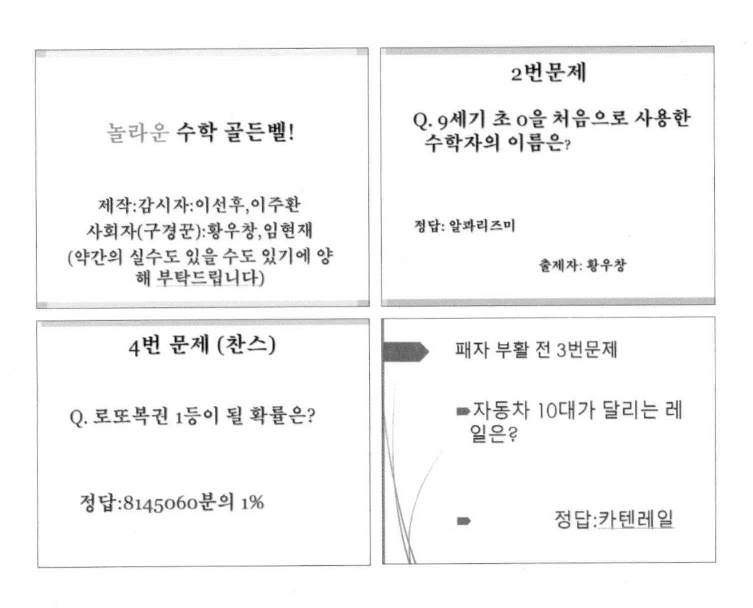

아이들은 자신들이 만든 문제가 화면에 나오면 무척 반가워했고, 문제를 맞히면 환호하고 틀렸을 때는 안타까워하였습니다. 아이들이 직접 문제를 만들고 사회자, 도우미도 스스로 정해서 하는 수업이라서 1시간 내내 화기애애하고 재미있는 시간이었습니다. 수학 관련 책을 읽고 이렇게 마무리 할 수 있어서 보람도 있고, 교사가 시키지 않고도 지식을 놀이로 알아가는 것이 무척 의미 있는 수업이었습니다.

책과 함께 독후활동 즐기기3–수학 대자보 만들기

슬로리딩 마지막 시간으로 4명이 한 모둠이 되어 주제를 나누어 대자보를 만들고 발표하는 시간을 가졌습니다. 각 모둠별로 다시 한 번 책을 꼼꼼히 읽고 재미있거나 신기했던 내용들을 수학대자보로 만들어보면서 책의 내용을 정리하고, 5분 내외 발표를 위해 시나리오를 작성하고, 발표 순서를 정하여 예행연습을 하였습니다. 모둠 발표 후에는 과정평가(자기평가, 동료평가, 모둠평가)를 실시하여 '한 학기 한 권 책읽기' 수업을 마무리하였습니다.

과정평가

1. 자기평가: 슬로리딩 대자보 발표에서 '나의 역할, 재미있었던 점, 어려웠던 점, 알게 된 점, 더 알고 싶은 것'을 스스로 평가해 봅니다.

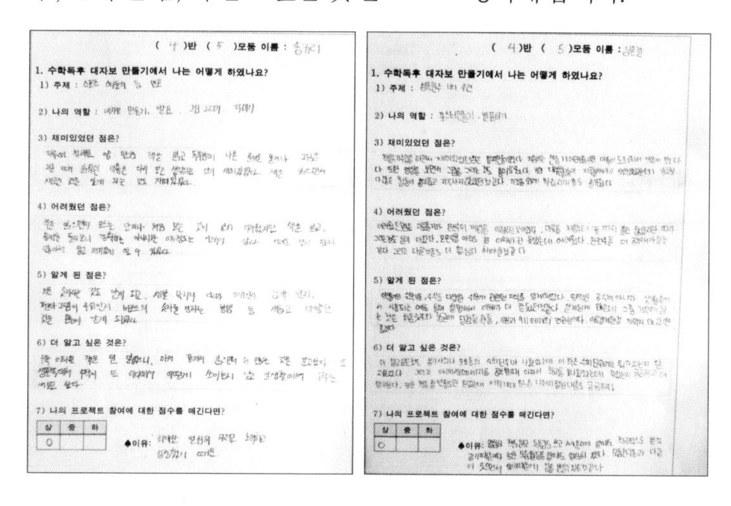

(4)반 (5)모둠 이름 :

1. 수학독후 대자보 만들기에서 나는 어떻게 하였나요?

1) 주제 :

2) 나의 역할 :

3) 재미있었던 점은?

4) 어려웠던 점은?

5) 알게 된 점은?

6) 더 알고 싶은 것은?

7) 나의 프로젝트 참여에 대한 점수를 매긴다면?

상	중	하
○		

♠이유:

(4)반 (5)모둠 이름 :

1. 수학독후 대자보 만들기에서 나는 어떻게 하였나요?

1) 주제 :

2) 나의 역할 :

3) 재미있었던 점은?

4) 어려웠던 점은?

5) 알게 된 점은?

6) 더 알고 싶은 것은?

7) 나의 프로젝트 참여에 대한 점수를 매긴다면?

상	중	하
○		

♠이유:

2. 모둠 내 동료평가: 같은 모둠에서 모둠원의 역할과 참여도를 평가해봅니다.

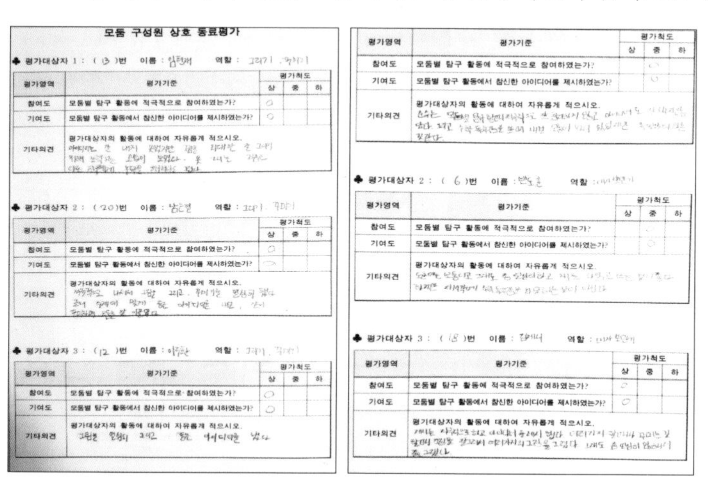

모둠 구성원 상호 동료평가

♣ 평가대상자 1 : (13)번 이름 : 역할 :

평가영역	평가기준	평가척도		
		상	중	하
참여도	모둠별 탐구 활동에 적극적으로 참여하였는가?	○		
기여도	모둠별 탐구 활동에서 참신한 아이디어를 제시하였는가?	○		
기타의견	평가대상자의 활동에 대하여 자유롭게 적으시오.			

♣ 평가대상자 2 : (20)번 이름 : 역할 :

평가영역	평가기준	평가척도		
		상	중	하
참여도	모둠별 탐구 활동에 적극적으로 참여하였는가?	○		
기여도	모둠별 탐구 활동에서 참신한 아이디어를 제시하였는가?	○		
기타의견	평가대상자의 활동에 대하여 자유롭게 적으시오.			

♣ 평가대상자 3 : (12)번 이름 : 역할 :

평가영역	평가기준	평가척도		
		상	중	하
참여도	모둠별 탐구 활동에 적극적으로 참여하였는가?	○		
기여도	모둠별 탐구 활동에서 참신한 아이디어를 제시하였는가?	○		
기타의견	평가대상자의 활동에 대하여 자유롭게 적으시오.			

평가영역	평가기준	평가척도		
		상	중	하
참여도	모둠별 탐구 활동에 적극적으로 참여하였는가?		○	
기여도	모둠별 탐구 활동에서 참신한 아이디어를 제시하였는가?		○	
기타의견	평가대상자의 활동에 대하여 자유롭게 적으시오.			

♣ 평가대상자 2 : (6)번 이름 : 역할 :

평가영역	평가기준	평가척도		
		상	중	하
참여도	모둠별 탐구 활동에 적극적으로 참여하였는가?		○	
기여도	모둠별 탐구 활동에서 참신한 아이디어를 제시하였는가?		○	
기타의견	평가대상자의 활동에 대하여 자유롭게 적으시오.			

♣ 평가대상자 3 : (18)번 이름 : 역할 :

평가영역	평가기준	평가척도		
		상	중	하
참여도	모둠별 탐구 활동에 적극적으로 참여하였는가?	○		
기여도	모둠별 탐구 활동에서 참신한 아이디어를 제시하였는가?	○		
기타의견	평가대상자의 활동에 대하여 자유롭게 적으시오.			

'잘된 모둠' 스티커로 뽑기

개인별로 3개의 스티커를 나누어 주고, 자신의 모둠을 제외하고 대자보 만들기와 발표를 잘 한 모둠을 선정하도록 하였습니다. 다른 모둠이 발표할 때 아이들은 귀담아 듣고, 발표 후에 저마다 심사숙고하여 스티커 심사를 하였습니다.

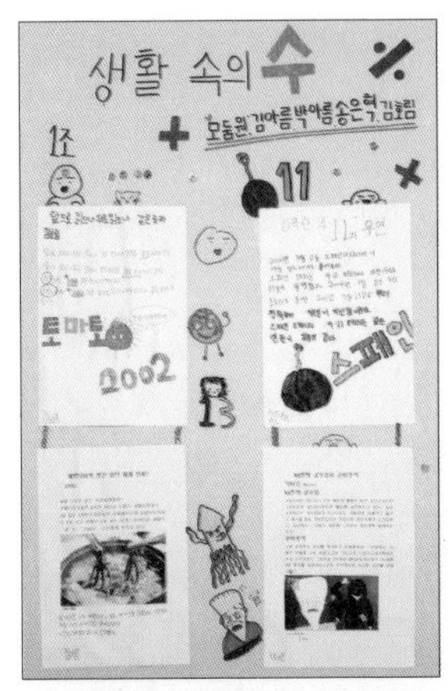

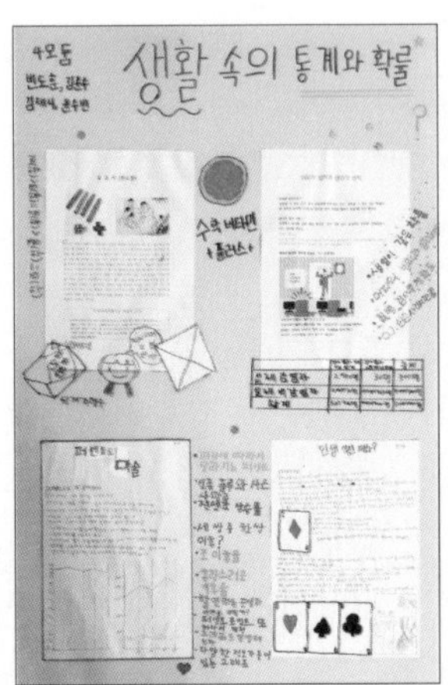

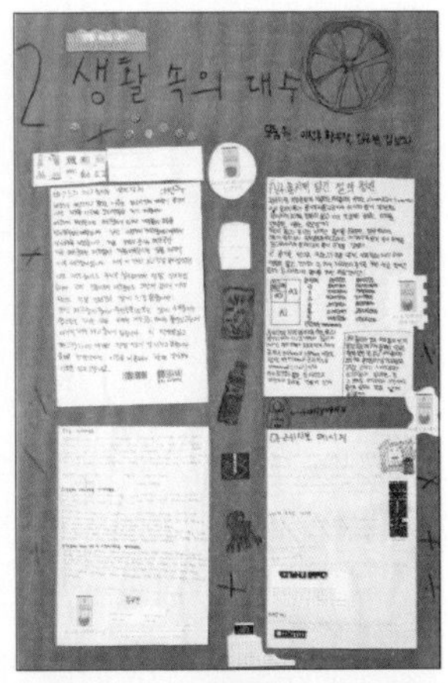

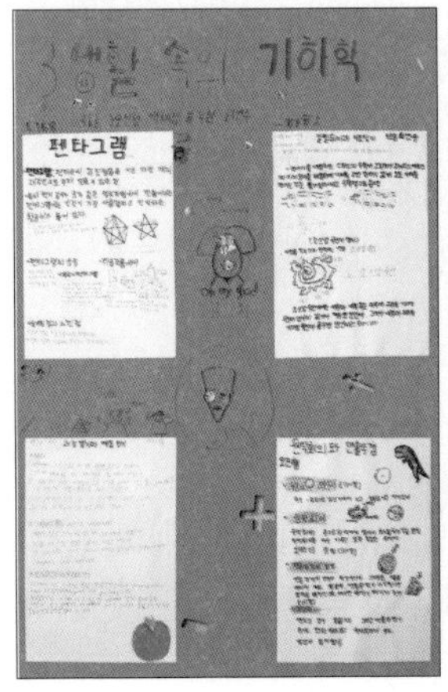

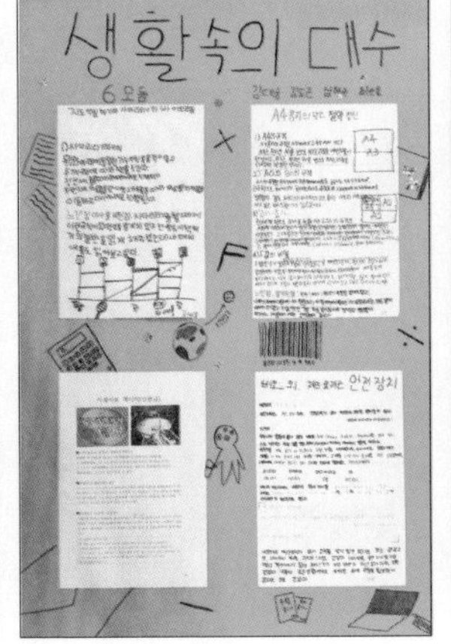

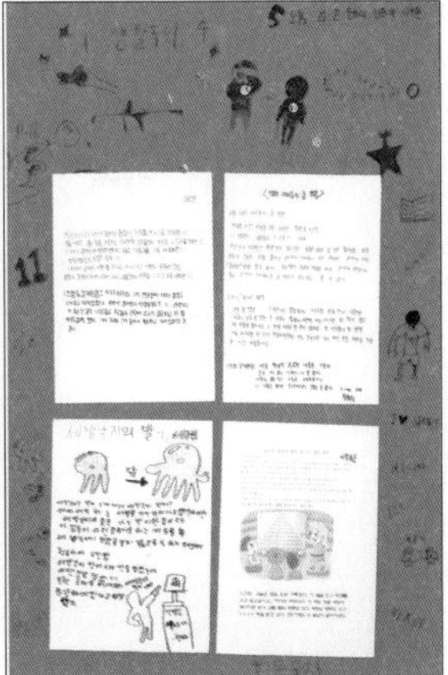

슬로리딩 수업 후기

- 슬로리딩 수업을 할 때 책을 느리게 꼼꼼하게 읽으니까 평소라면 보이지 않았을 내용들이 눈에 들어오고 의문점이 점점 생겨났다.『수학비타민플러스』로 슬로리딩을 하면서 수학에 대해 더 깊이 있게 생각하고 알아가는 시간이었던 것 같다. 책의 이야기 중 수학의 역사, 수학자, 숫자들의 우연 등이 기억에 남고 일주일에 한 시간이었지만 수학이 내 머릿속에 쌓여가는 시간이었다.(최연*)
- 처음 슬로리딩 수업을 한다고 했을 때, 책 읽기를 싫어하는 나는 '재미없겠다'는 부정적인 생각이 들었다. 첫 수업으로 책을 읽었을 때도 '이런 걸 왜 하지?' 하는 의문이 들었는데, 수업이 점점 진행되면서 수학비타민 책이 눈에 들어왔다. 책을 소리 내어 읽고 독후활동을 하면서 뭔가를 얻어가는 기분이 들었고, 수업이 재밌어졌다.(남은*)
- 평소 해본 수업이 아니라서 슬로리딩을 한다고 했을 때, '내가 잘 할 수 있을까? 혹시라도 못하면 어떡하지?' 두렵고 긴장이 되었다. 하지만 수학책이라도 어렵지 않았고 평소에 궁금했거나 관심 있는 내용들이 소개되어 있어서 책 읽기가 재미있고 흥미로웠다. 책을 끝까지 다 읽었을 때 내 자신이 대단하고 뿌듯했다. (서상*)
- 수학 관련 책은 처음으로 읽어보았던 것 같다. 책을 읽다보면 어려운 용어도 있고, 이해되지 않은 부분도 있었지만 친구들과 함께 천천히 읽는 과정이 좋았다. 책을 다 읽고 모둠끼리 대자보를 만들어보는 것도 의미 있었고, 생각보다 수학 책이 꼭 어렵지만은 않고 뭔가 상식이 풍부해진 것 같아 좋은 시간이었다.(김도*)
- '한 학기 한 권 책읽기'를 하면서 어려운 수학책을 읽는 좋은 기회였다. 초등학교 때는 책을 많이 읽었던 것 같은데, 요즘은 시간이 없어서 책을 못 읽고

있다. 그런데 수업 시간에 책을 눈치 안 보고 책을 읽을 수 있다니, 자유를 얻은 기분이었다. 책을 읽고 독후활동지의 내용을 찾아보고 내 생각도 적고 선생님의 댓글을 확인할 수 있어서 1석 3조인 수업이었다.(최은*)

- 수학 수업 시간과 학원에서 수학을 배우고 공부하지만 나는 수학이 뭔지 잘 몰랐다. 그냥 '좋은 점수를 맞아야지'하는 생각뿐이었는데, 슬로리딩을 하면서 수학은 실생활에 있고 우리 주변의 현상들이 수학과 관련이 있다는 것이 신기했다. 내가 잘 모르거나 그동안 잘못 알고 있었던 내용도 책을 통해 알 수 있어서 도움이 되었다. 2학기때도 슬로리딩 수업을 한다고 하니, 기대가 된다.(임현*)

- 그동안 수학문제집은 많이 사보고 엄마도 사주었지만, 처음으로 수학 책을 사 보았다. 슬로리딩하면서 수학은 지금까지 내가 알던 수학이 아닌 고급스럽고 아름다워 보였다. 실생활의 예를 구체적으로 자세히 설명해주고 보기 좋게 그림과 사진이 실려있어서 중학생인 내가 읽어도 전혀 어렵지 않았다. 앞으로도 문제를 푸는 시간보다 수학 책을 읽는 시간을 더 가졌으면 좋겠다.(김하*)

-나는 책을 읽다 보면 웬지 시간이 아까워서 빨리 읽게 된다. 그런데 다 읽고 나면 기억이 잘 나지 않았다. 책은 그동안 시간낭비란 생각이 들었는데, 선생님께서 독서의 중요성을 설명해주셨다. 슬로리딩하면서 책을 좀 더 천천히 읽게 되었고 독후활동을 해서인지 제법 머릿속에 많은 것들이 남아있다. (박아*)

Tip 학급 아침 독서 노하우

- 만일 당신이 내일 아침 오늘보다 더 나은 사람이 되어 깨어나고 싶다면 잠들기 전에 책을 펴고 단 세장이라도 읽어라. –오프라 윈프리
- 좋은 책을 읽는 것은 지난 몇 세기를 걸쳐 가장 훌륭한 사람들과 대화하는것과 같다 –르네 데카르트
- 사람은 책을 만들고, 책은 사람을 만든다. –신용호
- 하루라도 책을 읽지 않으면 입안에 가시가 돋는다. –안중근

2019년 한국독서교육신문 기사에 의하면, 성인 10명 중 4명은 1년에 책을 한 권도 읽지 않는 것으로 나타났고, 스마트폰이 대중화되면서 사람들은 책을 읽을 필요성조차 느끼지 못한다고 합니다. 책 읽기 운동본부에서는 "책은 즉각적으로 만들어지고 전파되는 인터넷 정보와는 달리 지식과 지혜를 담고 있어, 사유의 폭을 넓혀준다"며 독서의 중요성을 강조하였습니다. 또한 독서율이 높은 국가가 경제적으로도 경쟁력이 높다는 연구보고에 의해 국가에서도 독서를 장려하고 있으나 독서 인구는 점점 주는 추세라고 합니다.

현재 대부분 학교에서 아침독서시간을 운영하고 있지만 제대로 활용되지는 않는 것 같습니다. 숙제를 하거나 자거나 친구들과 이야기를 하거나 멍하게 그저 시간을 보내는 아이들이 눈에 띄는데, 하루 15~20분만 책을 읽어도 일 년이면 20권 이상의 책을 읽을 수 있습니다.

이에 학급담임으로 누구나 따라할 수 있는 '독서지도' 노하우를 공개하도록 하겠습니다.

① 주변 선생님들 중에도 '15분으로 무슨 독서가 되느냐?'며 아침독서를 형식적인 운영하는 반들을 볼 수 있는데 아침독서는 매일 짧은 시간이지만 꾸준하게 실시하는 것이기 때문에 독서습관을 형성할 수 있다고 합니다.[17] 아이들 개개인의 정도 차이는 있겠지만 꾸준히 아침독서를 하다보면 나름대로 성장을 하게 됩니다.

② 등교 후 아이들과 첫 대면시간 교사와 아이들이 함께 교실에서 책 읽기를 하는 것은 가치있는 일이라고 생각합니다. 선생님의 책 읽는 모습은 아이들에게 좋은 영향을 끼칩니다. 담배피우는 아버지가 아들에게 담배 피우지 말라고 해도 말을

---

17) 『하루15분, 책 읽어 주기의 힘』(짐 트렐리즈 지음, 북라인), 『아침독서 10분이 기적을 만든다』(하야시 히로시 지음, 청어람미디어)

듣지 않듯이 책을 읽지 않은 교사가 아이들에게 책을 읽으라고 하면 아이들은 딴청을 피웁니다. 교사가 먼저 책 읽는 모습을 보이면 아이들은 자연스럽게 따라합니다.

③ 요즘처럼 스마트폰을 많이 하는 시대에 아이들의 뇌는 전두엽을 거의 사용하지 않게 된다고 합니다. 순간 지나가는 게임 속 화면과 유튜브 동영상은 오히려 수업의 집중도를 떨어지게 하고 산만하고 부주의한 행동들로 이어지게 합니다. 하루를 아침독서로 시작하게 되면 고요하고 집중된 수업 분위기로 이어질 수 있습니다. 아침독서시간에 독서가 아닌 숙제를 하거나 잠을 자는 아이들을 그냥 두면 독서 분위기가 흐려지고 점차 잠자는 아이들도 늘어가기 때문에 다함께 독서할 수 있도록 안내가 필요합니다.

④ 아침독서시간에 읽을 책을 아이들이 미리 준비하도록 합니다. 개인적으로 학교도서관에서 대출을 받거나 집에서 안 읽는 책을 가져와 학급문고를 만들거나 학급비로 중고도서를 구입하여 비치할 수 있습니다.

⑤ 독서지도를 하면 '기초학력이 향상 된다'는 연구보고가 있습니다. 독서는 공부의 기본일 뿐 아니라 생활습관과도 연관되기 때문에 교사는 조용한 분위기에서 모두가 아침독서에 참여하도록 지도합니다.

※ 아침독서 시 유의할 사항

1. 책은 천천히 읽습니다.

칭찬받고 싶은 마음에 책을 금방 읽어버리는 아이들이 있습니다. '가짜 독서광'은 눈으로만 읽을 뿐 남는 게 없기 때문에 정독(소리 내서 읽는 속도)으로 충분히 생각하면서 천천히 읽도록 안내합니다.

2. 재미있는 책을 읽습니다(단, 만화책 제외).

처음 독서할 책을 가져오라고 하면, 열에 아홉은 학습만화를 가져옵니다. 학습

만화는 글이 아닌 그림이 먼저 눈에 들어오고 활자기반이 아니기 때문에 아무리 읽어도 독서효과가 거의 없다고 합니다. 중학생 수준의 아이들이라면 150페이지 이상의 책을 가져올 수 있도록 합니다.

3. 여운이 남는 글은 기록합니다.

저의 경우 우리 반 아이들은 아침독서용 수첩을 준비하여 15분 아침독서 후에 마음에 와 닿는 문구(2~3줄 따라쓰기)나 느낀 점을 수첩에 적도록 합니다. 오늘의 날짜, 날씨, 기분을 적고 자신만의 독서일기를 쓰면서 아이들은 오래도록 여운이 남게 됩니다. 처음 습관만 잘 형성되면 어렵지 않게 일 년을 진행할 수 있습니다.

※ 아침독서 스페셜데이

1. 매일 꾸준히 아침독서 수첩을 작성한 아이
2. 책 한권을 완독한 아이
3. 바른 자세로 책 읽기 본을 보인 아이

한 달에 한번 아침독서 미션을 수행한 아이들에게 시상 및 응원하는 격려의 시간입니다. 책을 다 읽은 아이가 친구들에게 자신이 읽은 책을 소개하거나 매일 꾸준히 아침독서 수첩을 기록한 아이가 감명 깊은 부분을 읽어줍니다. 책 읽는 모습이 좋아진 아이, 바른 자세로 책 읽기를 참여한 아이들에게도 학급비로 매점이용권이나 간식을 선물로 지급합니다.

아침독서의 목적은 훗날 아이들이 독서가로 자라는 것입니다. 책을 좋아하는 아이, 책을 찾아서 읽는 아이, 책을 친구삼은 아이로 자라기 위해서는 교사의 작은 노력이 필요합니다.

때로는 (교사가) 중요한 전달사항이 있어서 (아이들이) 시험기간이라서 아침독서시간을 위협할 수도 있지만 '독서최우선'으로 아침독서시간 만큼은 독서를 할 수 있도록 시간을 고정하고 교사와 아이들 모두가 지켜나가야 합니다.

하루 이틀, 한 달 두 달이 지나면 어느새 독서습관이 눈에 띄게 길러져서 아침 독서 시간이 되면 책에 몰입하는 아이들을 보실 수 있을 것입니다. 독서는 깊이 생각하며 천천히 읽는 것이라고 말해주시고, 책을 읽을 수 있는 시간을 주십시오. 이 두 가지만으로도 아침독서는 '성공'할 수 있습니다.

슬로리딩 교수·학습지도안

온전히 읽고, 생각을 나누고, 표현하는 '한 학기 한 권 읽기(슬로리딩)'

1. 수업을 준비하며

평생 학습시대에 아이들에게 줄 수 있는 가장 좋은 습관은 무엇이 있을까? 고민하다가 수업과 관련하여 책읽기 수업을 시도하게 되었습니다. 한 학기 한 권 읽기(술로리딩)는 자발적이고 능동적인 평생 독자를 기른데 목표를 주고 책은 삶에 유익하고 책을 읽으면 인생이 풍요로워진다는 것을 아이들에게 체험시키고자 하였습니다.
'한 학기 한 권 읽기(슬로리딩)' 수업은 아이들이 수학과 관련된 책을 천천히 깊게 읽는 과정에서 책 읽는 재미를 깨치고 앎의 기쁨을 만찍할 수 있는 경험을 선물함으로써 평생 책과 좋은 벗이 될 수 있도록 이끌어주는 수업입니다.

2. 수업을 시작하며

하시모토디케시 슬로리딩 중에서 "'배운다'는 의무를 '놀다' 라는 가치로 전환할 수 있으면 아이들은 자진해서 '배우는' 일에 참여하게 됩니다. 그렇게 하는 방법은 어른들이 가르쳐주어야 합니다. 아이는 '노는 기분으로 배우는 방법' 을 알지 못하기 때문에 자연스럽게 생각할 수 있는 방향으로 어른들이 이끌어 줘야 합니다. 이게 바로 어른의 가르치는 능력이자 교사의 수업하는 능력이라고 할 수 있을 것입니다."
노는 기분으로 배우는 방법, 책 읽고 생각하기 '슬로리딩'을 시작합니다.

가. '한 학기 한 권 읽기(Slow reading)'으로 수학과 교육과정 다가가기

• 수학과 중학교 목표

(1) 사회 및 자연 현상을 수학적으로 관찰, 분석, 조직, 표현하는 경험을 통하여 수학의 개념, 원리, 법칙과 이들 사이의 관계를 이해하고 수학의 기능을 습득한다.

(2) 수학적으로 추론하고 의사소통하며, 창의·융합적 사고와 정보 처리 능력을 바탕으로 사회 및 자연 현상을 수학적으로 이해하고 문제를 합리적이고 창의적으로 해결한다.

(3) 수학에 대한 흥미와 자신감을 갖고 수학의 가치를 인식하며 수학 학습자로서 바람직한 태도와 실천 능력을 기른다.

• '한 학기 한 권 읽기(Slow reading)'를 통한 교수·학습방법

(1) 수학과의 교수·학습은 아이가 수학과 교육과정에 제시된 목표를 달성하고 전인적으로 성장하도록 돕는 것을 목적으로 한다.

(2) 문제 해결, 추론, 창의·융합, 의사소통, 정보 처리, 태도 및 실천과 같은 수학 교과 역량을 함양하기 위한 교육 환경을 조성하고, 이에 적합한 교수·학습을 운영한다.

(3) 과목별 내용의 배열순서가 반드시 교수·학습의 순서를 의미하는 것은 아니므로, 교수·학습 계획을 수립하거나 학습 자료를 개발할 때에는 내용의 특성과 난이도, 학교 여건, 아이의 수준 등을 고려하여 내용, 순서 등을 재구성할 수 있다.

(4) 수학과의 수업은 아이의 능력과 수준 등을 고려하여 설명식 교수, 탐구 학습, 프로젝트 학습, 토의·토론 학습, 협력 학습, 매체 및 도구 활용 학습 등을 적절히 선택하여 적용한다.

- **'한 학기 한 권 읽기(Slow reading)'를 통한 핵심역량 적용**

(1) 문제 해결 능력을 함양-수학적 모델링 능력을 신장하기 위해 생활 주변이나 사회 및 자연 현상 등 다양한 맥락에서 파악된 문제를 해결하면서 수학적 개념, 원리, 법칙을 탐구하고 이를 일반화하게 한다.

(2) 창의·융합 능력을 함양-수학적 지식, 기능, 경험을 연결하거나 수학과 타 교과나 실생활의 지식, 기능, 경험을 연결·융합하여 새로운 지식, 기능, 경험을 생성하고 문제를 해결하게 한다.

(3) 의사소통 능력을 함양

① 수학 용어, 기호, 표, 그래프 등의 수학적 표현을 이해하고 정확하게 사용하며, 수학적 표현을 만들거나 변환하는 활동을 하게 한다.

② 수학적 아이디어 또는 수학 학습 과정과 결과를 말, 글, 그림, 기호, 표, 그래프 등을 사용하여 다른 사람과 효율적으로 의사소통할 수 있게 한다.

③ 다양한 관점을 존중하면서 다른 사람의 생각을 이해하고 수학적 아이디어를 표현하며 토론하게 한다.

(4) 태도 및 실천 능력을 함양

① 수학을 생활 주변과 사회 및 자연 현상과 관련지어 지도하여 수학의 필요성과

유용성을 알게 하고, 수학의 역할과 가치를 인식할 수 있게 한다.

② 수학에 대한 관심과 흥미, 호기심과 자신감을 갖고 수학 학습에 적극적으로 참여하게 하며, 끈기 있게 도전하도록 격려하고 학습 동기와 의욕을 유발한다.

③ 수학적 활동을 통하여 정직하고 공정하며 책임감 있게 행동하고 어려움을 극복하기 위해 도전하는 용기 있는 태도, 타인을 배려하고 존중하며 협력하는 태도, 논리적 근거를 토대로 의견을 제시하고 합리적으로 의사 결정하는 태도를 갖고 이를 실천하게 한다.

- **'한 학기 한 권 읽기(Slow reading)'를 통한 평가원칙**

(1) 수학과의 평가는 아이의 인지적 영역과 정의적 영역에 대한 유용한 정보를 수집·활용하여 아이의 수학 학습과 전인적 성장을 돕고 교사의 수업 방법을 개선하는 것을 목적으로 한다.

(2) 수학과의 평가에서는 수학의 개념, 원리, 법칙, 기능뿐만 아니라 문제 해결, 추론, 창의·융합, 의사소통, 정보 처리, 태도 및 실천과 같은 수학 교과 역량을 균형 있게 평가한다.

(3) 수학과의 평가는 학습자의 수준을 고려하고 평가 목적과 내용에 따라 다양한 평가 방법을 활용한다.

(4) 아이의 수학 학습 과정과 결과는 지필 평가, 프로젝트 평가, 포트폴리오 평가, 관찰 평가, 면담 평가, 구술 평가, 자기 평가, 동료 평가 등의 다양한 평가 방법을 사용하여 양적 또는 질적으로 평가한다.

나. '한 학기 한 권 읽기(Slow reading)'의 기본방향

- 수학과 교육과정을 재구성하여 한 학기 한 권 읽기 수업을 전개한다.
- 통합형 교육과정 운영을 통한 다양한 독후활동으로 문제해결력, 창의·융합

능력, 의사소통 능력, 태도 및 실천능력을 신장시킨다.
- 아이 중심 독서·토론 활동으로 소통 · 공감능력을 증진하고 바른 인성을 함양한다.

다. '한 학기 한 권 읽기(Slow reading)'를 위한 교육과정 개발
- 책『수학비타민플러스』를 매주 금요일 읽고, 독후활동지를 개발하여 중학교 1학년 교육과정에 맞게 재구성한다.
- 각 소재별로 활용가능한 수학과 아이활동(매듭만 들기, 한 붓 그리기, 주령구 만들기, 다큐영화 보고 수의 단위 표현하기, 사색문제 등)을 통해 주제중심 통합형 교육과정을 개발한다.
- 독후활동을 통해 책을 자기계발의 수단이 아닌 문화로서 누리고 즐길 수 있도록 한 학기 한 권 책을 가지고 살아가는 수학문화의 책방을 만든다.

교육과정 개발 절차

① 작품 만나기 쪽수 나누기 ② 활동 내용 구상 ③ 관련 단원 탐색
④ 작품 활동내용과 성취기준 연결 ⑤ 수학과 독후활동 연결하기

3. 수업을 실천하며

1단계: 수학비타민플러스 슬로리딩 천천히 깊게 읽기활동

차시	쪽수	주요내용	독후활동	비고
1	14–31	• 세발낙지의 발은 세 개 • 아라비아 숫자에 담긴 천재적인 발상 • 걸리버 여행기와 12진법	⑥ 수학을 살아있는 학문이라고 하는 까닭은 무엇일까요? ⑦ 걸리버의 키가 소인국사람들의 키의 12배라고 할 때, 몇 인분의 식사를 준비해야 할까요? ⑧ 우리가 사용하고 있는 10진법이 자리 잡게 된 이유는?	책 읽고 느낀점 또는 따라쓰기
2	32–40	• '불가사의'와 '모호'는 수의 단위	② 하노이탑의 전설에 의하면 지구의 종말은 몇 년 후일까요? ③ 큰 수의 단위와 작은 단위를 표를 보고 정리해보시오.	다큐멘터리 영화(파워즈 오브 텐)를 보고 표현하기
3	41–56	• 섬뜩한 수 11의 우연 • 13일 공포증과 수비주의	①'스페인 열차 테러와 911일, 9·11 테러와, 이라크파병과 666, 666은 네로 황제? 빌게이츠? 컴퓨터? 인터넷, 게마트리아, Amen=99,99버그, Jesus=888'의 공통점은 무엇인가요?	책 읽고 느낀점 또는 따라쓰기
4	57–71	• 앞으로 읽으나 뒤로 읽으나 같은 숫자 • 스포츠 스타들의 등 번호	④ 소주 한 병의 소주잔은 몇 잔일까? 그 이유는? ⑦ 수학자들이 왜 큰 소수를 찾는 일에 관심을 쏟는 것일까?	에라토스테네스의 체로 1~100의 소수찾기
5	72–92	• 바코드의 체크숫자는 안전장치 • A4 용지에 담긴 절약정신 • 고스톱과 방정식	① 인터넷 상에서 엉터리 주민번호를 급조해서 입력하면 컴퓨터가 거부하는 이유는 무엇인가요? ② A_0~ A_8용지를 나타내시오.	나만의 바코드 만들기 (예: 연필)
6	93–108	• 지도 색칠하기와 사다리 타기와 바이오리듬 • 로그로 나타낸 단위 • 아레시보 메시지	③ '인류의 역사를 바꾼 방정식'(http://www.ebsmath.co.kr/url/go/44496)을 보고, 아레시보 메시지에 관한 자신의 생각을 적어보시오.	대한민국 지도 사색 색칠하기
7	109–124	• 원탁회의와 맨홀 뚜껑 • 야구와 피타고라스의 정리 • 펜타그램	① 원의 정의? ② 정폭도형이란? ③ 피타고라스 정리란?	펜타그램을 이용한 나만의 국기 그리기

차시	쪽수	주요내용	독후활동	비고
8	125–140	• 일필휘지와 미로찾기 • 파라볼라 안테나의 원리	② 지구상의 사람들이 몇 단계만 거치면 다 알까요? ⑤ 실생활에서 이차곡선(포물선, 쌍곡선, 타원)을 활용한 예를 찾아봅시다.	한 붓 그리기 미로 찾기
9	141–153	• 전통 기와의 곡선과 비누막 디자인 • 과일 쌓기와 매듭짓기	② 직선, 사이클로이드, 원 모양으로 미끄럼틀을 만들 때, 공 세 개를 동시에 굴려보면 가장 먼저 바닥에 도착하는 것은? ④ '고르디온의 매듭을 푸는 사람이 세상의 지도자가 된다'는 전설을 알렉산더 대왕은 어떻게 해결했나요?	운동화 끈으로 팔찌 만들기
10	154–176	• 퍼센트의 마술 • 평균이 만능은 아니다 • 여론조사의 허虛와 실實	② 패밀리 레스토랑에 식사를 하러 가서, 멤버십카드로 10%의 할인을 받고 10%의 봉사료를 붙인 것과 10% 봉사료, 10%의 할인을 받는 것 중 어떤 것이 더 저렴할까요? ④ 해외여행을 떠날 때 현지의 평균기온을 확인하고 옷을 챙기면 실패하기 십상이다. 그 이유는?	만약 로또 1등에 당첨이 된다면 상상하기
11	177–189	• 인생 역전 해봐? • 머피의 법칙과 샐리의 법칙 • 스포츠의 확률	① 윷가락의 단면이 반원($\frac{1}{2}$)일 때 도, 개, 걸, 윷, 모가 나올 가능성은? ③ 머피의 법칙? 샐리의 법칙이란?	주령구 만들기

2단계: 수학비타민플러스 슬로리딩 읽기 후 내면화 활동

차시	내 용	활동	준비물
1	• 서평(추천사) 작성하기	『수학비타민플러스』를 읽고, 친구들에게 추천하는 내용의 서평을 작성한다.	A4용지 사인펜 색연필
2	• 도전! 수학 골든벨	개인별로 골든벨 문제 만들기를 하고, 문제를 정리하여 다함께 '도전! 수학 골든벨'을 참여한다.	PPT 포스트잇
3	• 수학비타민 대자보	수학 대자보 만들고 모둠별 발표하기 모둠별로 『수학비타민플러스』에서 가장 인상 깊은 주제를 대자보(우드락)에 표현하고 발표한다.	우드락 사인펜 색연필

(본시 학습 교수·학습 과정안: 2단계 – 독후 내면화 활동)

수업 과정	학습 과정	2단계 : '수학 대자보 발표 & 도전, 골든벨' 교수·학습 활동	학습 자료
도입 (5분)	• 우리들의 활동모습 나누기	'한 학기 한 권 읽기(슬로리딩)'수업장면을 뮤직앨범으로 담아 함께 감상한다.(노래: 박학기의 비타민♬)	뮤직 동영상
전개 (35분)	• 수학 독후 대자보 소개(20분)	**수행과제 1. 수학대자보 모둠별 발표** 『수학비타민플러스』를 읽고, 모둠별 가장 인상 깊은 주제를 수학 대자보(우드락 또는 파워포인트)로 표현하고 발표한다. ※ 4인 1모둠으로 (총 7모둠) 2분 이내 발표 ※ 각 모둠활동을 자기평가, 동료평가로 반영	우드락 PPT 파일
	• 도전, 골든벨(15분)	**수행과제 2. 도전! 골든벨** 지난 시간에 개인별로 골든벨 문제를 만들어 제출하여 오늘 이 시간에는 다함께 골든벨에 참여한다. ※사회자(2명): 골든벨 문제를 수합하여 PPT문제로 정리하고 도전! 골든벨을 진행한다. 도우미(2명): 도전 골든벨이 원활히 진행될 수 있도록 돕는다. ※ 끝까지 살아남은 아이에게 수행도장을 지급한다.	코팅A4 용지 유성펜
정리 (5분)	• 활동 마무리	'한 학기 한 권 읽기(슬로리딩)' 마지막 수업으로 수업을 마무리하며 느낀 점(소감)을 발표하고 나눈다.	

4. 수업을 마무리하며

가. '한 학기 한 권 읽기(Slow reading)' 평가정보표

평가 영역	수학 책 슬로리딩	만점 (반영비율)	100점 (10%)
평가 방법	수학 독서 후 감상문 작성 및 모둠활동		
관련 단원	Ⅰ. 수와 연산 ~ Ⅲ. 좌표평면과 그래프		
교과 역량	문제해결 능력, 창의 · 융합 능력, 의사소통 능력, 태도 및 실천능력		
평가방법	□ 서술 논술 □ 구술 발표 □ 토의 토론 □ 프로젝트 □ 실험 실습 □ 포트폴리오 □ 기타 □ 자기평가 □ 동료평가 □ 관찰평가		
출제 의도	한 학기 한 권 읽기(슬로리딩)을 통해 수학 고민을 해결하고 수학에 대해 관심을 가지고 원리와 개념을 이해하는 취지에서 '수학비타민플러스(박경미지음, 김영사)'를 읽고, 주제별로 나눠 읽기를 하여 관련 내용을 독후활동(수학적으로 의사소통하고 표현)함으로써 천천히 깊게 읽는 즐거움을 맛보게 하고자 한다.		
과제 내용 및 평가 계획	한 권의 책을 읽고 수학의 재미와 개념과 원리를 이해하면서 천천히 깊게 읽는 즐거움을 알게 하는 것을 목표로 한다.		
평가 시 유의점	평상시 수학독서활동을 할 때, 독서의 중요성을 알고 정독하는 분위기를 만들고 책을 깊게 생각하며 읽는 습관을 갖도록 한다. 활동지의 정답을 찾는 것이 목적이 아닌 수학을 음미하며 천천히 깊게 읽는(슬로리딩) 즐거움을 알게 하는데 초점을 맞추도록 한다.		

평가 영역	평가 영역	평가 요소
수학독후감	수학독서감상문(50%)	5단계(A, B, C, D, E)
	수학대자보만들기(20%)	3단계(상, 중, 하)
	도전, 골든벨!(20%)	3단계(상, 중, 하)
	서평(추천사) 작성하기(10%)	3단계(상, 중, 하)

평가 항목	평가 요소	평가 기준	배점
수학 독서 감상문	• 수학적 용어를 사용하여 생각을 표현하는 정도 • 책의 줄거리 서술 정도 • 수학적 내용을 자신의 생활과 연관 지어 생각하는 정도	수학 독후활동지의 내용정리가 충실하고 빠짐없이 잘 정리 되어 있으며, 수업 시간에 참여도와 모둠활동(수학 대자보 만들기), 도진 골든벨, 서평(추천사) 작성하기 등 평가요소의 90% 이상을 수행하였다.	100점
		수학 독후활동지의 내용 정리가 충실하나 가끔 빠진 데가 있으며, 수업시간에 참여도와 모둠활동(수학 대자보 만들기), 도전 골든벨, 서평(추천사) 작성하기 등 평가요소의 80% 이상 90% 미만을 수행하였다.	90점
		수학독후활동지의 내용 정리가 다소 미흡하고 가끔 빠진 데가 있으며, 수업 참여도와 모둠활동(수학 대자보 만들기), 도전 골든벨, 서평(추천사) 작성하기 등 평가요소의 70%이상 80% 미만을 수행하였다.	80점
		수학독후활동지의 내용 정리가 미흡하고 빠진 부분이 많으며, 수업참여도와 모둠활동(수학 대자보 만들기), 도전 골든벨, 서평(추천사) 작성하기 등 평가요소의 60%이상 70% 미만을 수행하였다.	70점
		수학독후활동지의 내용 정리가 대부분 되어있지 않고 부실하며, 수업참여도와 모둠활동(수학 대자보 만들기), 도전 골든벨, 서평(추천사) 작성하기 등 평가요소의 30%이상 60%미만을 달성했다	60점
		수학독후활동지를 제출은 하였으나 수업참여도, 모둠활동(수학 대자보 만들기), 도전 골든벨, 서평(추천사) 작성하기 등 평가요소를 수행하지 못하였다.	50점
		수업에는 참여하였으나 수학독후활동지를 제출하지 못한 경우 또는 부정행위를 하였다.	20점

♬ 내 마음의 풍금(5가지 물음)

1. 21C 필요한 인재상은 무엇일까요?

2. '독서의 힘'에 대해 어떻게 생각하시나요?

3. 슬로리딩을 시작할 때 꼭 필요한 것은?

4. 독서교육이 수학 교과에서 필수? 선택?

5. 교육에서 아이들이 나아가야할 할 방향은?

관련도서

- 슬로리딩(하시모토 다케시 지음) 조선북스
- 슬로리딩, 생각을 키우는 힘(정영미 지음) 경향미디어
- 포커스리딩(박성후 지음) 한언
- 천천히 깊게 읽는 즐거움(이토 우지다카 지음) 21세기 북스
- 하루 15분 책 읽어주기의 힘(짐 트렐리즈 지음) 북라인
- 공부머리독서법(최승필 지음) 책그루
- 수학비타민(박경미 지음, 랜덤하우스)
- 수학비타민플러스(박경미 지음, 김영사)

| 에필로그 |

초짜 선생님의 어설픈 수학 교육철학과 교수·학습 자료, 슬로리딩, 아침독서 팁에 관련된 내용으로 구성된 한 권의 책을 세상에 내어놓고 나니 앞으로 남은 교직인생을 더 착실하게 살아야겠다는 생각이 듭니다. '에이, 별거 아니네. 이런 사람도 책을 쓰다니' 하고 이야기해준다면 이 책을 쓴 저는 성공한 것입니다. 학교현장에서 제가 만났던 선생님들은 다 저보다 훌륭하신 분들이었습니다. 저마다 자기 스타일대로 수업도 하시고, 학급도 돌보고 인성지도까지 잘 하고 계시면서도 자신없어하고 힘들어 보였습니다. 너무나 잘하고 계시고 아이들을 더 많이 아끼고 사랑하시는데도 행복해 보이지 않았습니다. 가끔은 벗어나고 싶어 하고, 몸과 마음이 지쳐 아파하는 선생님들을 보면서 격려해주고 싶었습니다.

'선생님은 지금 충분히 잘하고 계십니다. 훌륭하십니다!'

'무식하면 용감하다'는 말이 있습니다. 어쩌면 지금까지 저는 무지했기에 겁 없는 교사였다는 생각이 듭니다. 앞으로 교직생활의 후반전은 아이들의 이야기를 더욱 귀담아 듣고 한 명 한명 소중한 생명을 인격적으로 대우하고 교사의 이끌림보다는 아이들의 앞장섬이 되도록 공부하고 노력하는 교사가 되고 싶습니다. 또한 동료교사와 열린 귀와 낮은 목소리로 소통하고 나눔을 행하면서 행복한 학교를 만들어가고 싶습니다.

책에 소개된 내용은 가급적이면 출처를 밝히고 사용하려 애썼으나, 혹시

본인의 수업을 흉내 낸 자료였다면 사과드리고 다음 인쇄 때 수정·개선하도록 하겠습니다. 읽으면서 불편한 내용이 있었다면 '세상은 넓고 사람은 많으니까 이럴 수도 저럴 수도 있지' 하는 마음으로 너그럽게 이해해주었으면 합니다.

저는 오늘도 학교로 출근을 합니다. 수학을 찾아 떠나는 행복한 시간여행을 꿈꾸며~.

2019. 겨울

이정아